思想教育与心理健康教育

吴　优　王明军　张　艳　编　著

图书在版编目(CIP)数据

思想教育与心理健康教育/吴优，王明军，张艳编著．—武汉：武汉大学出版社，2018.8（2022.3重印）

ISBN 978-7-307-20412-6

Ⅰ.思… Ⅱ.①吴… ②王… ③张… Ⅲ.①高等学校—思想政治教育—研究—中国 ②大学生—心理健康—健康教育—研究 Ⅳ.①G641 ②G444

中国版本图书馆CIP数据核字(2018)第167427号

责任编辑：黄朝昉 牟 丹 责任校对：许 婷 版式设计：天韵

出版发行：**武汉大学出版社** （430072 武昌 珞珈山）

（电子邮件：cbs22@whu.edu.cn 网址：www.wdp.com.cn）

印刷：北京一鑫印务有限责任公司

开本：710×1000 1/16 印张：10 字数：180千字

版次：2018年8月第1版 2022年3月第2次印刷

ISBN 978-7-307-20412-6 定价：38.00元

版权所有，不得翻印；凡购我社的图书，如有质量问题，请与当地图书销售部门联系调换。

前言

思想政治教育是中国共产党的优良传统。它作为一项社会实践活动，在中国革命和建设的各个历史时期都得到了生动的体现，并且在新的历史条件下被不断赋予时代特质，是取得革命胜利和社会主义现代化建设成就的重要保证。近年来，思想政治教育专业取得了长足发展，学科研究不断深入。随着高等教育的大众化、经济的全球化，新时期大学生思想政治教育的新途径、新方法不断被探索。同时网络技术的飞速发展也使得高校思想政治教育与网络更好地结合，促进当今高校思想政治教育工作的发展。高校学生在接受思想政治教育的同时，还需要进行心理健康教育，保证大学生的健康成长，促进和谐社会的构建。

本书主要是对思想政治教育进行了具体介绍。首先，阐述了大学生的教学管理制度、高校的思想政治教育以及网络思想政治教育；其次，对高职院校的教学管理以及高职院校的思想政治教育进行了具体分析；最后，介绍了高校心理健康教育。思想政治教育和心理健康教育为高校学生的健康成长起到了促进作用。

作 者 简 介

第一主编：吴优（1981—），现任辽宁大学助理研究员，研究方向为高等教育管理与思想政治教育。

第二主编：王明军（1970—），高级讲师，哲学学士，现就职于中共济宁市任城区委党校。

第三主编：张艳（1991—），硕士研究生，初级助教，现就职于重庆工商职业学院。

目 录

第一章　高校思想政治教育

第一节　大学生思想道德教育

一、大学生思想道德教育概述

（一）大学生思想道德状况的特征

总体来说，当前大学生政治思想比较健康，政治评价更为积极，政治鉴别力增强，对马列主义、毛泽东思想和邓小平理论，对改革开放的形式，对党和国家的大政方针等基本问题有着一致的认同。首先，当前大学生关心国家大事，政治思想比较健康。大学生对政治问题、重大政治事态的看法多能与党和国家保持一致，明确意识到了国家政治环境对自己成才的重要性。其次，当前大学生政治视野比较开阔，政治评价更为积极。广大学生已跳出传统视野，能从更广阔的背景上看待政治问题。学生在实践中已经认识到了党的路线、方针、政策的正确性，感受到了祖国的发展与进步，政治心态渐趋成熟。最后，当前大学生对政治问题的分析日趋客观、理性，政治鉴别力明显增强。当代大学生能比较冷静地思考，自主判断有关政治问题，已不再被某些政治思潮所左右，并能从国家利益大局出发看待国际关系，逐步认清了西方民主自由和人权以及各种破坏祖国安全统一的思潮和势力的本质面目。

但同时，高校大学生在政治思想和政治观念上也存在着一些不容忽视的问题：第一，对社会主义的认识停留在表面上，在理解上存在一些感性、模糊乃至错误的认识。学生对“特色理论”等缺乏理解，对树立共产主义远大理想不够坚定，缺乏信仰、信心与信念。第二，在政治取向上存在一些功利性倾向。部分学生一面把政治看作是自己成长的客观条件，另一方面又不想参与政治，承担自己应该承担的社会责任，功利倾向较明显。第三，对宗教信仰与宗教文化感兴趣的倾向比较突出。这一对宗教信仰尤其是对宗教文化感兴趣的倾向，和当前学生面临的来自社会、家庭、学习与就业等各方面的压力增大有一定的联系，值得我们高度重视。第四，部分大学生在政治上还存在幼稚与不成熟的一面。从总体上看，当前大学生政治心态比较稳定，但这种稳定性与多变性交织在一起，又呈现出一种比较复杂的走势。突出表现为对党的理论与决策问题以及对国家政治生活中一些重大政治事件不关注或关注不够，甚至存在一些既悖政治原则，又悖一般情理的不正确想法。

（二）加强大学生思想道德教育的重要性

1.可以推进素质教育，引导学生全面成长

伴随着改革开放和我国社会主义现代化建设进程的推进，大学生在思想、政治、学业等方面的进步明显，成才愿望强烈。一个人的成长和成才，既有赖于其自身的智力因素，也有赖于自身其他因素，如思想政治素质方面的因素。高素质人才，既要有较高的科学文化素质，健康的身体素质和心理素质，更要有良好的思想政治素质。思想政治素质作为大学生最重要的素质，对其健康成长和全面发展起着不容忽视的决定作用。大学阶段是人生发展的重要时期，是世界观、人生观、价值观形成的关键时期。在这一时期，大学生在人格上将逐步完成从青少年向成年人的过渡和转变，将逐步确立自我，摆脱对家庭和父母的依赖。对于大学生来说，完成这一人生旅途中的重要转变并不是一帆风顺的，难免会遇到各种困难和矛盾，产生各种困惑和问题，这些从根本上讲是世界观、人生观、价值观的形成与确立问题。因此，青年学生对接受思想政治教育，对学习如何做人有强烈的内在需求。这种内在需求是加强大学生思想政治教育最重要的基础。只有加强大学生思想政治教育，素质教育才能真正落实，学生全面成长的目标才能实现。

2.可以促进和谐社会的发展，保证人们对教育满意

大学生是十分宝贵的人才资源，是民族的希望，是祖国的未来，也是家庭的期待。我国特定的国情，决定了当代大学生是一个承载社会、家长高期望值的特殊群体。同时由于当代大学生又大多是独生子女，因此他们的成长，更是牵动亿万家长的心，涉及亿万家庭的幸福，关系最广大人民的根本利益。以人为本，以学生为本，为学生身心健康发展创造良好的条件和环境，不断满足学生发展的多方面需要，是高校一切工作的出发点和落脚点，也是实践“和谐社会”重要思想、办好让人民满意的教育的根本要求和具体体现。

3.可以确保我国特色社会主义事业兴旺发达

一个有远见的民族，总是把关注的目光投向青年；一个有远见的政党，总是把青年看作推动历史发展和社会前进的重要力量。大学生是青年中的优秀分子，是十分宝贵的人才资源。他们的思想道德素质、科学文化素质和健康状况如何，直接关系到党和国家的生死存亡，关系到我国特色社会主义事业的兴衰成败，关系到全面小康社会和中华民族伟大复兴的目标的实现。帮助大学生树立正确的世界观、人生观和价值观，确立中国特色社会主义的理想信念，是保证我国特色社会主义事业长治久安、实现中华民族伟大复兴的希望所在，是关系国家前途和民族命运，确保我国特色社会主义事业兴旺发达的“希望工程”。

二、大学生思想道德教育的实践途径与方法

学校是进行系统思想道德教育的重要阵地，学校的思想道德教育不能单纯停留在课堂讲授知识上，更重要的是必须采取丰富多彩的形式和手段，通过感化、熏陶等各种途径，使大学生养成良好的观念和行为。

（一）学校要形成全员、全过程、全方位德育格局

建立健全德育工作机制，主要包括党政主要领导负责的稳定工作机制，党政工团齐抓共管的思想政治工作机制，思想政治工作经费投入的保障机制。要认识到，学校教育并不是封闭的教育，需要全社会营造一个“荣耻”的环境。社会上的各种观念和思想，都会给大学生的成长造成直接或间接的影响。在大学生思想观念形成过程中，离不开本人的主观努力和学校的教育引导，更需要一个良好的社会氛围。由于种种原因，社会风气的构成呈现出复杂的状态，其中的不同成分和可能出现的种种变化都会在不同程度上影响大学生良好道德品质的形成。尤其是社会中存在的一些腐朽没落的观念，会时时影响学校道德教育的努力和成果。因此，大学生思想道德素质的提高不仅是学校的任务，也是全社会的职责。

（二）更新教育观念，坚持以人为本

坚持以人为本，就是在德育实践中，既要坚持教育人、引导人、鼓舞人、鞭策人，又要做到尊重人、理解人、关心人、帮助人，将人的发展作为德育的根本出发点，充分认识和把握人的本性，充分引导和满足人的正当欲求，善于理解和把握人心，取得学生的信任和教育的主动权，真正解决精神鼓励、灵魂塑造和品格提升等问题，实现“达其理”“通其情”“导其行”的目的。

坚持以人为本，就是要从学生实际出发，有针对性地做好学生思想政治工作，将学生管理工作人性化，重感染、少训责，坚持管理与服

务相结合，注重服务，在日常工作中坚持为学生解决实际问题，避免空洞说教；坚持以人为本，就是要尊重学生，尊重学生的个性发展，尊重学生的人格，尊重学生的身心发展规律，开发学生潜能；不用固定模式评价学生，引导学生自我期许，自我激励，自我提升，自我超越，不断进步；帮助学生树立正确的道德观、价值观和职业道德观念。

（三）完善思想道德教育的内容

首先，思想道德教育课教学内容要与时俱进。思想道德教育的课程作为一种社会文化，是一定历史时期的意识形态的要求。固然，这一历史时期内的思想道德内容不可能随时变动，也相对不会改变。然而，随着社会的发展，经济基础在不断变化，上层建筑也在相应而变，思想观念与意识形态都在更新，并不断发展。因此，要让时代的变化积极带动思想道德教学内容的变化，二者同步，紧密联系，逐步增强思想道德教育课的时效性。

其次，思想道德教育课要加强对大学生心理素质的关注。市场经济中的激励竞争，使大学生的彷徨感、压力感增强，加之高校毕业生就业的严峻形势，他们的心理波动较大，很多大学生都有一些心理疾病。只有拥有积极的健康的心理，才能适应新的社会形势，这就要求高校应加强对大学生的心理辅助。第一步，先加强思想教育，教育学生面对国家利益与个人利益的关系，养成理性思维，让他们认识自我，自动匹配职业生涯规划与社会现实。第二步，要使大学生养成正确、健康的就业心理，实施心理干预，帮助大学生克服初入社会的不适应感，积极调整心态，解决心理问题，让他们带着健康的就业心理走出校园。要教育学生形成理智的职业期望，避免眼高手低。否则，如果职业期望过高，一旦无法平衡理想与现实的距离，会造成不平衡的心理，引发心理疾病。第三步，开设心理咨询的服务。思想道德教育工作者要解决令大学生困惑的生活、学习及就业的问题，提供心理咨询服务。此外，日常生活中注重对学生成长每一步的引导，可以为他们的职业未来出谋划策，帮助他们以正确的认识、积极的心态、良好的情绪走出校园，尽快地投入到祖国建设事业中。

（四）加强队伍建设，提高学校政工队伍的整体素质

教师队伍需要高学历、高文化、高素质、高要求，同样政工队伍也需要高学历、高文化、高素质、高要求。要为政工队伍的成长、发展创造良好的条件，想方设法增加辅导员的业务进修和学历深造机会。要造就一批德育专家，把德育工作当作一门学问、一项事业、一个建功立业的岗位去研究、去奋斗、去实践。

（五）加强教师队伍师德建设，重视心理素质的多学科渗透教育

应当培养全体教师的心理教育观念，把心理教育和辅导贯穿、渗透于各个学科教学中，使学生在潜移默化中受到影响。教师职业是高道德含量的特殊职业，培养的是特殊的精神产品。教师的劳动目的，不仅是传授知识技能，更重要的是教会学生做人。教师的劳动手段也不是手中的教鞭、教材，更重要的是靠自己高尚的人格和品格。教师的人格魅力是一种巨大的精神力量。一个好的教师，不仅要靠自己学术上的影响力，更重要的是靠自己人格上的感召力。高尚的师德，就是一部好的教科书，对学生的影响是潜移默化的、深刻的、长远的，终身受益的。教育者一方面要关心学生的生活，为学生排忧解难；另一方面又要了解学生的思想状况，帮助他们缓解思想压力，放下思想包袱，正确面对生活的挑战。只有将解决思想问题与解决学生生活实际问题结合起来，我们的思想政治工作才能有声有色，收到实效。加强师德建设，需要强化教师职业理想和职业道德教育，树立献身教育、敬业爱岗的师德风范，提高教师思想政治觉悟，为人师表，教书育人。

（六）采取灵活多样的思想道德教育方法

教育的根本任务是育人，思想道德教育工作者背负着比其他社会角色更多的责任。思想道德素质会影响学生的健康成长，关乎国家与民族的未来。在新的历史时期，高校思想道德教育必须不断创造新的理论，探索更多、更灵活的教育途径。从思想道德教育方法方面来看，主要有以下几种：

第一，典型教育法。抓典型树榜样，注重典型和榜样的示范作用。用生动、具体、真实的道德榜样，教育大学生提高思想道德认识，引导大学生学习、对照和仿效。教师应善于挖掘身边的先进典型，树立可亲、可敬、可信、可学的道德楷模，让大学生学有榜样，学有目标，汲取力量，践行模仿。

第二，实践教育法。实践是特殊有效的方法，教师应组织、鼓励大学生勇于实践，积极参加社会活动，将抽象的理论与生动的社会实践活动相结合，知行统一，从实践中得到教育和启发。如开展“送温暖、献爱心”“青年志愿者”“教育扶贫”“支援西部大开发”等社会实践活动。

第三，隐性教育法。采取间接渗透的方式，将思想道德教育向社会生活渗透，将德育融入管理之中、文化之中、环境之中；将思想道德教育生活化，开展内容丰富、形式多样、健康向上的校园文化活动，做到生动活泼、寓教于知、寓教于美、寓教于乐。

第四，大众传媒教育法。利用校园电台等进行正面宣传，建立校园德育网站，开发德育软件，加强网络安全建设、网络伦理道德建设、网络阵地文化建设，把大学生思想道德教育工作延伸到新领域。

第五，思想道德评价法。在大学生中广泛开展以提倡追求什么、肯定什么、否定什么等为主要内容的思想道德评价活动，倡导维护道德新风，揭露、抨击不符合社会要求和道德规范的行为，帮助大学生提高自我认识、自我教育、自我管理的能力与水平。

第六，家庭、社会参与教育法。加强和改进大学生思想道德建设，学校是龙头，社区是平台，家庭是基础。家庭教育对大学生的健康成长具有基础性和决定性的作用。因此，辅导员和家长要密切联系，对学生情况做到心中有数，随时关注学生的异常情况，有的放矢地对学生开展思想道德教育工作；要联合公安、文化等部门，清整校园周边环境，社会各界要向大学生开放德育教育基地和文明休闲场所，为大学生培养高尚的思想道德品质修养提供良好的平台。

（七）重视在大学阶段进行全程性质的就业指导

就业指导不应当仅仅局限于对毕业生的指导，而应当纵向延伸，贯穿整个大学教育的始终，使学生在大学阶段能够明确自身在社会中所处的位置，从而为将来的就业或进一步深造做及早打算与合理规划。

第二节　大学生思想政治教育机制

一、大学生思想政治教育机制概述

（一）大学生思想政治教育机制的内涵

大学生思想政治教育机制是指大学生思想政治教育运行过程中，为了实现大学生思想政治教育目标，高校各系统之间特别是其系统内部各部门之间有效结合、相互协调、相互配合，充分发挥各部门的整体作用与功能，而建立起来的能够有效发挥大学生思想政治教育功能作用，促进大学生各方面素质全面、和谐、健康发展的科学、合理、和谐的工作机制。其内涵包括以下几个方面：

第一，思想政治理论课是机制的基础。高等学校思想政治理论课承担着对大学生进行系统的马克思主义理论教育的任务，是对大学生进行思想政治教育的主渠道，在帮助大学生树立正确世界观、人生观、价值观方面具有任何其他学科所不能起到的独特作用。只有认真抓好思想政治理论课教学工作，才能为加强和改进大学生思想政治教育打下坚实的基础。

第二，"全员育人"是机制的目标。《中共中央国务院关于进一步加强和改进大学生思想政治教育的意见》明确指出，广大教职员工都负有对大学生进行思想政治教育的重要责任。全体教职员工都应积极参与到学生的思想政治教育工作中来，形成全员育人、全过程育人、全方位育人的良好氛围，这是提高大学生思想政治教育实效性的根本保障。

第三，校园文化是机制的载体。校园文化是大学的精神和灵魂，具有独特的教育渗透功能、目标导向功能、凝聚激励功能和行为约束功能。不断加强作为第二课堂的校园文化建设，既符合大学的本质和内涵，也符合青年人才成长的规律和特点。建设符合大学特点、具有本校特色的校园文化，是高校思想政治教育工作的重要任务。

第四，校园网络建设是机制的拓展。大学生思想政治工作者应不断强化阵地意识，自觉做到"守土有责"，确立"建、导、管"相结合的网络思想政治教育思路。"建"，就是要积极建设主流网站和红色网站；"导"，就是要用正确的舆论导向、积极健康的主流信息和在线活动占领网上阵地；"管"，就是要对网络和学生的网上行为进行有效管理和监督。

第五，制度建设是机制的保证。无规矩不成方圆。加强高校思想政治教育制度建设，明确高校党政在大学生思想政治教育工作中的职责，制定具体明确的政策规定，实施考核评价和和奖惩激励制度，使学校各单位及其工作人员既各司其职又协调配合，才能确保大学生思想政治教育工作的健康发展。

第六，队伍建设是机制的关键。思想政治教育工作队伍是加强和改进大学生思想政治教育的组织保证。完善大学生思想政治教育工作队伍的选拔、培养和管理机制，按照政治强、业务精、纪律严、作风正的要求，努力建设一支专兼结合、素质较高、适应高等教育事业发展需要的思想政治教育工作队伍，是构建大学生思想政治教育长效机制的迫切需要。

第七，深化服务是机制的支撑。认真落实科学发展观，贯彻以学生为本的原则，理解学生、尊重学生、关爱学生，关注学生的实际需要，为学生提供热情周到的心理健康教育与咨询服务、就业创业指导服务、家庭经济困难帮扶服务、社会实践活动指导与服务，促进学生各方面素质的和谐发展，是构建大学生思想政治教育长效机制的有力支撑。

（二）大学生思想政治教育机制的主要内容

1.大学生思想政治教育机制的具体类型

大学生思想政治教育机制的类型主要有以下几种。

（1）领导机制

大学生思想政治教育机制的运行目标方向、任务决策、监督落实等整个过程都离不开领导的带头规划作用。在高校中，为了保证思想政治教育的社会主义性质，办好社会主义大学，高校党委要为大学生思想政治教育工作提供思想保障、政治保障和组织保障。

其一，思想政治教育领导具有决策权，各级党委和行政部门要提高目标决策能力、行为导向能力和整体规划能力。思想政治教育领导者应该从大局出发、从长远利益考虑，使思想政治教育目标的设立符合现代化发展的需要、人的全面发展需要以及思想政治教育系统中各相关人的利益需要。此外，思想政治教育目标要有可行性、科学性，并为实现预期效果提供相应的保障机制和政策支撑。坚持目标一致性原则与具体灵活原则的统一，在终极目标的基础上设立短期、中期、长期目标；在整体目标基础上设立个人、部门、学校目标。

其二，思想政治教育领导具有统一思想的作用，应从系统论观点出发统一协调部门、领导、教师、学生之间的利益，增强思想认识的内在一致性。高校在重视专业基础课教学的同时亦要加强对思想政治理论课教学、学生思想品德教育、心理辅导、就业辅导等领域予以重视，并把这些内容统一整合到高校思想政治教育中去。当然，由于每一部门、每一个人在利益诉求上具有很大的差异性，甚至他们之间会有矛盾性，但是在根本利益上应该是一致的。强化大学生思想政治教育领导机制就是要增强领导部门的凝聚力和向心力，努力做到使思想政治教育系统各要素在组织关系、思想动力、运行方式上具有内在的统一性。

其三，思想政治教育领导要实行责任制，要不断健全、完善思想工作责任制。学校主要领导和部门领导要对思想政治教育工作负有责任，主要责任人带头抓，落实情况和问题隐患要有主要领导人和相关主管人直接负责。在规划、领导、协调、考核上都要进行全程负责，责任落实到个人，以凸显各级党委和学校领导对思想政治教育工作的重视。学校各级党委、政工干部及党员要本着为大学生服务的宗旨和对大学生负责的态度，坚持走群众路线，使完善好、落实好大学生利益需求成为大学生思想政治工作的出发点和落脚点。

（2）导向机制

导向机制的发挥重在引导，一方面要体现目标方向保证正确性，引导整个大学生思想政治教育活动在过程中实现趋利避害；另一方面要追求大学生思想政治教育效率保证高效性，实现产出与投入呈正相关。思想政治教育导向机制需要兼顾教育者、受教育者的利益，需要为思想政治教育系统各组成部分按照既定目标方向运行提供各种保障。导向机制不仅要引导整个大学生思想政治教育活动乃至整个系统组织机构的高效性发展，更要注重引导思教基层管理者、思想政治理论课教师、学生的全面自由发展；不仅要引导他们实现知识、行为习惯、技能的更新，更要引导他们注重理念、思维方式的更新。此外，思想政治教育顶层设计者要高瞻远瞩、集思广益、未雨绸缪，做好科学论证和长远规划。在手段上，尽可能多地使用活动性导向、对话性导向和政策性导向，尽可能少用行政性导向，以免造成强制性干预的负面影响。除此之外，思想政治教育的这个过程，还要通过价值的方式，对思想政治教育对象发展方向加以引导。总之，导向机制的高效发挥必须坚持实事求是的原则，从客观需要出发，从现实条件以及思想政治教育活动规律出发。

（3）整合机制

所谓整合机制即运用多种手段对机制要素发挥作用的方式和整体运行状况进行结构性、功能性、制度性等的调整，从而实现机体的再平衡和良性运行，也可以称之为调控机制。整合调控机制并不否定机制本身的自组织能力和恢复均衡的能力，而是通过人为因素的干预改变机体的失衡状态，并进一步激化机体内部的活力。

调控和整合机制应贯穿于大学生思想政治教育过程之中。机制的过程调整既要注意调整的方式、方法，又要注重整体性的关系和谐与利益整合。整合协调机制体现了大学生思想政治教育系统及组成部分的适应性、可塑性与发展性，要使大学生思想政治教育适应新的发展变化就必须对大学生思想政治教育做出整合、调整，优化结构、调配资源，从而实现大学生思想政治教育工作稳定发展。协调大学生思想政治教育整合机制的成效具体表现为校园内各类关系和谐、思想活跃而又统一、教学管理机制运行良好等方面。协调整合机制作为一种全程性、全面性干预机制又有其自身限度，因为各要素、子系统、组成部分的功能和联系方式都具有特殊性和一定的自我约束力。如果思想政治教育系统过多运用协调整合机制，反而对系统功能的正常发挥起到负面作用。因此，要以系统的客观现实需要为依据，既要做到及时有效干预、积极干预和高效干预，又要做到适度干预。适度性、实效性、整体性是调控机制的基本原则，只有坚持这些原则才能使调控中的人为因素做到恰到好处。

（4）激励机制

激励机制即满足个体欲望和需求以激发要素在系统运行中的能动性机制。一是要通过激励措施来提高要素的积极性，使激励机制变成推进大学生思想政治教育目标实现和活动实施的动力；二是在系统运行过程中给予激励，以协调高校大学生思想政治教育系统中各要素之间的平衡关系、利益关系，起到控制系统运行目标方向的作用；三是在评估过程中实施激励措施。思想政治教育差异性的活动结果又将激励分为正激励和负激励两种方式。此外还包括物质激励和精神激励，最好将这两种激励方式配合使用，并根据奖惩程度化的差异性在量上亦有所区分。根据大学生思想政治教育主体活动的不同领域还可以施行工作激励、学习激励、生活激励等。不仅要在工作和学习中激励大学生思想政治教育者和被教育者以提高他们的工作效率和学习效率，亦要在生活上对他们进行关照以间接实现激励的目的。除此之外，生活激励还可以拉近教育者和被教育者的距离，增进相互信任和理解，有利于化解思想政治教育中存在的各类对立性矛盾。

（5）预警机制

近年来，校园突发事件愈来愈频繁，严重影响了大学和谐校园的建设。这一方面与师生的价值观念不成熟、思想情绪不稳定有关；另一方面也与社会环境对大学校园影响有很大关系，致使很多不稳定因素和潜在隐患逐渐增多。设立预警机制是为了提高思想政治教育的预测能力以及应对突发事件的快速反应能力，把问题发现于危害产生之前，把矛盾化解在萌芽状态之中。

要提供预警机制的运行效率必须要提高信息沟通的畅通性，应急事件都具有突发性、偶然性、破坏性等特征。信息沟通的畅通化能够为及时处理突发事件提供时间保障，有利于提高高校个人、部门和领导之间信息反馈与指令下达的高效率化，从而实现从系统性角度整体处理突发事件。信息沟通的渠道随着科技的发展也越来越多元化、高效化，例如可用手机、网络视频等通讯工具以实现预警机制的自动化和信息化。

（6）评估考核机制

评估考核机制是指结合思想政治教育工作预期目标对思想政治教育整体运行过程及结果进行评估，并对部门、个人业绩进行考察的运行机制。评估机制十分复杂，因为它是对人的道德观念、业务素质、领导管理水平等全方位的评价，具有很大的不确定性和多元性特点。再者，从本质上讲，它是一种价值判断过程，必须对思想政治教育的社会效果做出价值判断。但是，社会效果又与价值观提升和思想品德改善等主观因素有很大的相关度，因此如何把主观因素转化可操作的客观指标成为一个难题。另外，思想政治教育工作应坚持“以评促建、以评促改、评建结合、以建为主”的评价方针。长期以来，高校思想政治教育者常把考评作为最终目的，有的是想尽办法通过年终考评，有的是为了通过年终考评获得奖金。可见，教育者对评估考评机制的认识还存在着形式主义、功利主义等误区，这也不利于思想政治教育工作的长远发展和教育者职业道德素质的根本性提升，无法真正实现思想政治教育目标，也无法使评估考评机制成为真正高效化的手段。

建构完善的评估考核机制既有赖于考核方式、评价体系的设计科学化，又有赖于考核管理队伍自律意识的增强和业务水平的提升，以更加公正、公平、透明的结果来增强考核评估的说服力。总之，考核评估机制的顺利实施重点在于评估完善制度建设，关键在于认真落实，进而使考核评估机制真正对大学生思想政治教育主体行为发生效力。

（7）反馈机制

反馈机制是指在思想政治教育机制运行过程中，对机制运行过程中反映出的运行状态、具体问题、发展趋向进行有效地收集、分析、评估并做出反应的过程。首先，在反馈机制中，注重时间性是关键，因此，必须反馈及时才能使机制运行信息保证有效；其次，要注重反馈的准确性，错误反馈容易导致对机制运行状况产生误读、误导。因此，掌握思想政治教育机制的运行信息收集、传播过程非常关键。在此过程中，把握反馈的各种环节、结构和程序特点有利于对反馈信息的准确性进行甄别和分析。正面反馈有利于确证先前手段和运行方式的正确性、稳定性；负面反馈则意味着要对运行中的问题进行诊断并及时提出相应对策和方案来修正机体的运行状态。可以说，正是这种反馈机制不但确保了机体的良性运作，也增强了机体的适应性和稳定性并不断向复杂性和综合性方向“进化”。在反馈机制中，教育主体的作用非常重要，整个反馈过程都需要教育主体的积极参与、相互配合。总之，反馈机制作为思想政治教育运行中的一个环节离不开教育目标和宗旨，为了控制机体运行的整体方向和具体状态，我们应把握机体的运行状况并同目标结合相一致。

2.大学生思想政治教育机制的构成要素

（1）大学生思想政治教育机制的主客体要素

大学生思想政治教育机制的主体要素与客体要素是相对存在的，它们之间的界限既确定又不确定。一般来说我们所指的主客体要素是高校思想政治教育相关职能部门与师生员工。只有在一定的思想政治教育关系的模式中，才有可能和有必要划分主体和客体。因此，作为一种政治实体，它究竟是主体还是客体，取决于他们处于何种思想政治教育关系之中，即取决于由这种关系所决定的思想政治教育的性质和方向。思想政治教育主体在大学生思想政治教育机制诸要素中起主导作用，对它的研究，是整个大学生思想政治教育机制研究的基础。

（2）大学生思想政治教育机制的环境要素

大学生思想政治教育机制的环境是指大学生思想政治教育机制运行中的一系列内外部条件或状况，既包括最直接的小环境，也包括其所处的社会时代大环境。大学生思想政治教育机制小环境又叫微观环境，包括校园历史文化环境、课堂环境、学生状况环境、校园生活学术环境、学校硬件设施建设、学校师资状况、学校制度财力、家庭环境等。大环境主要有国家政治经济发展状况、社会文化价值取向、国家大政方针政策、教育发展状况等。机制是在一定内外环境即小环境和大环境条件下运行的，环境对大学生思想政治教育机制具有重要影响力，能起到促进或抑制的效果。

（3）大学生思想政治教育机制的媒介要素

在大学生思想政治教育机制中，教育主客体之间是通过介体发生相互作用的。正是通过介体，教育主客体间才能进行有效的控制与反馈连接。媒介主要包括四个部分：第一，目的是实现大学生思想政治教育机制的良性运行和教育水平的提高，使大学生素质和能力得到全面发展。第二，内容有道德价值观教育、能力培养、政治方向和理想信念教育、行政事务和日常生活管理等。第三，手段形式多种多样，主要有理论灌输和讲授、榜样宣传、环境熏染、讨论座谈、社会实践，等等。还可以充分利用网络、宿舍、操场、社会、家庭各种媒介平台。第四，大学生思想政治教育活动（围绕大学生思想政治教育这个中心任务而开展的一系列实践活动），是实现教育目标最直接有力的途径和手段。目标、内容、手段的实现需要付诸具体的活动之中，这样机制才能真正发挥作用。

3.大学生思想政治教育机制的功能

大学生思想政治教育机制的功能，是指大学生思想政治教育机制作为一个整体在大学生思想政治教育工作中发挥的功效、作用和能力。大学生思想政治教育机制与传统的大学生思想政治教育方式相比，涉及范围更广，作用更深远，是一种多层次、多维度、综合性的教育系统结构，符合大学生的思想道德和心理素质形成和发展的规律。根据大学生思想政治教育机制的特性，我们认为大学生思想政治教育机制具备的功能主要包括以下三种。

（1）优化整合功能

不同的机制基于所达到的不同目标将机制各个要素按照一定的组织结构和规则制度整合为一个协调的有机整体。为了使机制各要素的运动相互作用、相互制约、相互促进，就要对大学生思想政治教育机制各要素进行优化配置和整合协调。这种优化整合一方面使机制产生了部分大于整体的综合效应，从而使大学生思想政治教育各相关机制的作用得到最大化的发挥，并时刻处于最佳运转状态；另一方面增强了思想政治教育机制运行的针对性、整体效果和综合实力，从而提高了思想政治教育工作的实效性。大学生思想政治教育机制运行过程是优化基础上的整合过程，也是整合中的进一步优化过程，其优化整合的依据就是一定的思想政治教育规律和理论原则。

（2）动态育人功能

大学生思想政治教育机制作为一种具有长效性的作用体系，目的是关注人、培养人、发展人，其具有动态育人的功能是在开放、发展、运动的进程中实现的。为了实现大学生思想政治教育机制运行的最优化控制这个目标，我们应对多因素、多变量的大学生思想政治教育活动做一种整体的、动态的规划。还要注意的是，这种教育活动不是终结性的，而是持续性的运行过程；不是一次性的说教，而是发展性地调动学生的主动性、积极性，促进学生的智力与能力的发展。从育人的角度来看，它是一个经常性、动态性的过程。

（3）能动发展功能

大学生思想政治教育机制的能动发展的功能表现在两个方面：首先，大学生思想政治教育机制能动地作用于教育对象大学生身上；其次，大学生思想政治教育机制系统自身还能够随着教育环境和客观条件的变化、大学生意识形态的变化随时进行动态的自我调整、自我约束、自我完善。大学生思想政治教育机制中的主体应在新情况出现后通过及时调整机制内部产生变化的各方面具体情况，使各层级继续有条不紊地工作，确保工作的连续性。因此处于一定时代和社会中的思想政治教育机制必然表现出“实践—认识—再实践—再认识……”这样一种发展过程。由此可见，这种能动发展功能，主体发挥着独特的作用，表现在教育、管理、协调、研究四个方面。简言之，这种能动发展归根结底源于主体的能动发展性。

（三）大学生思想政治教育机制的特征

1.目标性

目标是我们争取努力达到和我们所要达到的理想的最佳状态。大学生思想政治教育目标主要包括两个方面。一方面，是实现大学生思想政治教育科学化，这是直接目标，主要体现为制度化、民主化和规范化的有机统一；另一方面，即发挥大学生思想政治教育的社会效用，体现大学生思想政治教育的社会价值，这是大学生思想政治教育的最终目标。大学生思想政治教育有着自己特有的目标，处处渗透着明确的教育目的，体现大学生思想政治教育有一个明确的、清晰的方向和要求，用来衡量思想政治教育活动是否达到教育目标要求，哪些工作做得好，哪些工作存在不足，考察目标能否实现和实现程度，指示思想政治教育各项工作的方向，规定思想政治教育应达到的结果。思想政治教育机制始终是围绕目标的方向和要求运转的。

2.能动性

思想政治教育机制处在不断发展变化之中，需要向目标不断前进，大学生思想政治教育机制具有能动性特征，因为社会环境和大学生的思想是在不断变化的。其能动性特性一方面表现为思想政治教育系统内各构成要素是动态的，自身是在不断变化的；另一方面表现在各要素具有自我调整、自我完善、自我约束的主动性和自觉性，他们不断调整着自己的运作状态、方式，以实现思想政治教育机制良好运行，以确保目标的实现。随着国际、国内形势发生深刻变化，大学生的思想意识也呈现出日趋多元化的趋势，思想政治教育机制必须顺应和反映时代要求，建立与时俱进的思想政治教育机制，使大学生思想政治教育机制符合时代本质和潮流，不断朝着积极正确的方向发展，对不符合时代本质和潮流的机制就要勇于纠正和改进，做出正确的抉择。

3.规律性

思想政治教育是一种科学性、目的性的实践过程，其运行不是由人们的主观意志决定的，而是由其产生和业已存在的客观条件所决定的，因而具有客观必然性，在思想政治教育过程中也必然带有许多规律性的东西和特征。研究思想政治教育机制，实现思想政治教育运行的最优化控制的目的，就需要认识和利用机制的必然性和规律性。优化思想政治教育机制包括两个基本方面：思想政治教育各要素的优化和结构方式的优化。各要素优化体现在思想政治教育的内容、方法、教学、管理、评价等方面的优化；结构方式的优化体现在主客体关系的优化，也包括思想政治教育主客体与思想政治教育介体之间的关系的优化。思想政治教育机制的优化具有客观的规律性，努力认识和掌握它的规律，既要充分发挥能动性，又要尊重客观规律，对做好思想政治教育工作具有重要的实践价值和指导意义。否则就会引起系统的不良反映，导致系统运行不正常，最终影响思想政治教育目标的实现。

4.整合性

思想政治教育机制既是工作系统内部各要素相互联系，又是同外部环境交互作用的一项复杂的系统工程。整合性具体表现在两个方面：第一，对工作系统内部各部门进行整体性统一协调，调整系统内部各部门之间相互适应，防止某个子机制失衡、失调或失效，导致整个系统混乱。工作系统内部的整合协调，是对系统内部各要素彼此联系、协同和制约，共同形成机制系统整合功能，促进思想政治教育有效运行；第二，调整系统内部与外部环境之间的关系，它反映外部环境各要素与思想政治教育的相互影响、相互作用而形成的因果联系和运转方式，调整影响思想政治教育系统的各个侧面、各层次要素，整合所有要素的活动和作用，实现思想政治教育目的中介和桥梁。

二、大学生思想政治教育机制的完善

（一）完善大学生思想政治教育动力机制

1.满足大学生的需要

完善大学生思想政治教育动力机制的基本思路之一，是应该满足学生的需要。不仅要依据上级规定来发动，而且要把发动机制交给基层，促使基层思想政治工作者广泛地深入到学生当中，通过热心交谈了解学生，倾听学生的呼声，弄清学生的思想实际，遵循学生的心理活动规律，实际上是把发动动力给了学生。根据学生的实际需要来确定思想政治教育内容，如信息素质教育、创业素质教育、研究“热点”问题、职业生涯发展教育等，使思想政治教育内容尽可能地契合学生成长成才和发展的实际需要，即思想政治教育内容就是根据学生的实际生活和需要来制定，使学生认同、接受思想政治教育的动力。但是，并不排斥上级的要求，也要参照上级的要求来确定思想政治教育内容，也就是说在把握学生需要的情况下，以学生的需要不违背上级的需要来确定思想政治教育内容。这样，在确立教育内容时，把学生的需要考虑其中，使教育内容既具有针对性又增强它的实效性，为学生适应激烈的社会竞争和社会对学生的全面要求奠定坚实的基础。

2.满足思想政治工作者的需要

在物质方面：首先，关心思想政治工作者的物质生活，维护思想政治工作者的利益和需求。满足他们的基本生活需要，并给予一定的政策性支持，想方设法为他们解决后顾之忧，想他们所想，急他们所急，不断改善他们的工资待遇，完善医疗、养老、住房等社会保险。其次，为他们的工作创造良好条件，必须加强硬件建设，提供良好的办公场所和设备，铺平工作道路。最后，在经济上给予支持，薪酬与所承担工作责任大小、工作数量的多少、工作质量的好坏挂钩，实现按劳分配的原则，设立岗位津贴和科研经费等。满足他们的合理需求，营造公平公正有利于他们成长的环境，调动他们的积极性。

在精神方面：高校管理者应该重视他们，提高他们的地位，对于绩效表现突出的人员进行表彰和奖励。尊重他们的个性和人格，要以人为本，以情为主，给他们情感关注和人文关怀，关注他们的情感世界，关注他们的价值追求，关注他们心灵感受，从工作、生活和学习等各个方面关心辅导，了解他们的心理需要，帮助他们办实事、解难题，形成对他们的情感支持系统。

（二）完善大学生思想政治教育管理机制

1.建立各部门相互协调机制

运用协调这一管理手段，就是为了使方方面面的工作形成合力。实现部门协调，关键在党政配合，共同负责参与思想政治工作重大问题决策，高校党委应该经常对大学生的思想政治教育及其工作存在的问题进行分析，深入查找存在问题的症结所在，并针对问题制订思想政治教育的总体规划，对大学生思想政治教育做出全面的部署和安排。学校各部门在职责明确的情况下，应进行严格的考核，使学校真正形成教书育人、管理育人、服务育人的工作局面。任课教师是学校教育的主导力量，与学生接触面广，接触时间多，教师要教书育人，为人师表，在教学过程中注意渗透思想政治教育内容来教育学生；做学生工作，学校管理部门要体现育人的功能，把严格的管理制度和大学生的思想道德教育结合起来，引导大学生遵纪守法，使大学生养成良好的行为规范；同时在教育管理中，要坚持贴近学生实际、生活，围绕学生的成长、成才、健康、交友、求职、就业等方面遇到的实际问题，有针对性地进行教育管理，让教育管理离学生更近、更实。

2.完善激励机制

完善激励机制，要从两个方面着手。一方面，有效地调动学生思想政治教育工作者的积极性和主动性。学校领导者要加强和改进思想政治教育考核手段和方式，着眼于思想政治教育者的日常教学工作，建立一个合理的、科学的绩效评价体系。激励思想政治教育者积极开展思想政治教育、教学、科研活动，并给予一定的经费支持，对其开展的工作进行监督、管理，全方位进行考核和评估。考核和评估的结果，对于考核不合格的工作者进行批评，并督促其限期整改，对于绩效表现突出的人员进行表彰和奖励，不仅要注重精神上的激励与肯定，也要注重物质激励。另一方面，思想政治教育工作者有效地调动大学生积极参与和接受思想政治教育的积极性和主动性。在思想政治教育中克服形式主义，运用活动参与法，以灵活的方式激励人，使学生在教育活动中受到激励。如开展“争创文明校园”活动；以德育教育为重点，组织开展“争创学习标兵”“十大杰出青年”等。创造激励学生刻苦学习无私奉献的环境，使学生在活动中受到激励，同时在激励过程中要把激励人和关心人结合起来。

（三）完善大学生思想政治教育教学机制

1.完善教学内容

要使教学内容不断发展和完善，一方面，思想政治工作者一定要在“立意要高”的前提下，做到具体操作上“重心要低”，将思想政治教学的内容根据当今的社会形势背景、社会生活内容加以细化和具体化。高校思想政治教育的教学内容无论是在理论上还是实践上都应积极开放，不仅要有马克思主义理论内容、理想信念和公民道德规范内容，还应具有法律内容、市场经济内容以及国际经贸的内容，尤其还应具有现代科技知识的内容。另一方面，除了国家要求的教育内容外，要探寻教学“供求结合点”，了解教育对象的思想情况，研究他们所关心的热点问题和感到困惑的疑点问题。思想政治理论课教学只有找准和学生思想实际、成长成才要求与全面素质提高的最佳结合点，才能有的放矢，调动学生的学习积极性，使学生学有所思、思有所悟、悟有所得。

2.灵活运用多种教学方法、模式

教师在教学实践环节中要运用多种教学方法：第一，运用多方渗透教学方法。教师在教学实践环节必须尽量避免灌输式教学，善于运用渗透的教学方式。第二，案例分析法。如进行遵纪守法教育，可以利用“马加爵事件”，通过反面案例分析，让学生从中吸取教训，增强遵纪守法的观念。第三、问题诱思宣讲法。在教学过程中，首先教育者提出问题，让受教育者先思考，发挥受教育者的主体性。然后针对问题，教育者提出几种设想和解决方案，让受教育者考虑、选择、解释。这样就使受教育者易于吸收，增加教育针对性。第四、论辩研讨答疑法。教育者提出问题，让学生各抒己见，有争有论，帮助学生在与他人交流互动、对照比较中互相启迪，使问题更加明确，认识更加深化。

第三节　大学生思想政治教育机制的创新

一、大学生思想政治教育机制创新的意义

（一）大学生思想政治教育机制创新促进高等教育改革

1.改进大学生思想政治教育是高等教育改革的重要任务

对于社会主义大学来说，德育即思想政治教育具有首要地位。它是素质教育的灵魂，可以净化大学生思想，解开大学生深层次思想疑惑，是解决大学生思想问题的重要途径。加强和改进大学生思想政治教育，既是高等教育整体改革的重要任务，同时也有利于高等教育改革的稳步推进。

思想政治教育的运作在高等教育过程中起着协调和统筹作用。实践表明，思想政治教育是必不可少的。面对社会各方面的挑战，高等学校既不能消极应对，更不能回避矛盾，必须积极应对，努力改进，争取主动，迎接挑战。这就决定了高校必须将思想政治教育放在各项工作的首位，抓住机遇创造条件进行创新，促进高等学校的整体改革，构筑适应时代要求的思想政治教育机制，建造起一道坚固的防火墙，使整个教育系统在协调稳定中走上一个新台阶。

在高等教育的整体改革中，改进大学生思想政治教育具有重要的地位和功能，它也是一个系统工程，包括教育目的和任务、教育者和受教育者、教育环境、教育过程及规律、教育原则、教育内容和方法以及管理等诸多方面，构成了一个有机整体，而机制在整个教育系统中体现为协调性和统筹性。大学生思想政治教育要得到更大进步，需要在各个方面进行改革，这就必须有一套有效的运行机制来协调和统筹整个教育的发展方向和轨迹。新形势下，进行高校教育改革，必须明确改革的整体目标和具体目标，重视教育机制的作用。可见，加强和

改进大学生思想政治教育是高校改革的重要任务，直接关系到高等教育改革和发展的整体水平。

2.大学生思想政治教育机制创新是改进思想政治教育的具体体现

思想政治教育机制能否有效运行，能否为大学生思想政治教育提供动力和保障，关键在于这种机制是否贴近实际、贴近生活、贴近学生，是否能调动大学生学习的热情。过去，由于思想政治教育机制方面存在某些问题，使得大学生思想政治教育往往是简单说教，脱离实际，教育费时费力且收不到理想效果。现在，大学生生活实际、思想观念等都发生了重大变化，思想政治教育机制也应顺着创新的道路向前迈进，走入生活实际，让大学生接受潜移默化的教育，取得理想的思想政治教育效果。要使思想政治教育成为大学生生活中必不可少并为大学生乐意接受的一部分，就要努力创新机制，彰显科学性和实践性的完美结合，可以说这是改进大学生思想政治教育的具体体现。

（二）思想政治教育机制创新是促进大学生全面发展的重要举措

思想政治教育机制与大学生全面发展是手段和目的的关系，两者相辅相成、不可分割。在促进大学生全面发展进程中，发挥思想政治教育机制的作用，很重要的一条在于能否以大学生的全面发展为导向，以先进的管理为契机，争取做到与时俱进。大学生的全面发展更要依赖全面发展的教育，提高思想道德素质是大学生全面发展的一个重要组成部分，而思想政治教育机制的创新能够更好地促进整个思想政治教育的发展，为提高大学生综合素质提供平台，因此成为促进大学生全面发展的重要手段。

大学生的全面发展目标指明了思想政治教育的发展方向，为实现这一目标，思想政治教育就需要在机制方面大胆创新。思想政治教育机制创新的意义在于：不仅注重发展人的体能，更注重发展人的智能；不仅发展人的现实能力，更要注意挖掘潜力；不仅要发展人的科学文化素质，更要发展人的思想道德素质。因此，思想政治教育机制创新是大学生全面发展的一个重要举措，能够促使大学生更快实现全面发展。

二、大学生思想政治教育机制创新的策略

（一）牢固确立大学生思想政治教育机制创新的思想基础

有效的思想基础是使思想政治工作得以贯彻和落实的前提，在思想政治教育中居于重要地位。因此，在大学生思想政治教育机制创新过程中，必须首先明确机制创新的目的、功能和动力，夯实大学生思想政治教育机制创新的思想前提。

1.明确机制创新的目的

追求实效性是大学生思想政治教育的永恒主题，机制创新也应该把增强大学生思想政治教育的实效性摆在重要的地位。增强大学生思想政治教育的实效性，一个重要方面是教育对象对教育内容的接受并内化为自己的素质。大学生思想政治教育机制创新更多的是要转变大学生思想，净化大学生的灵魂，提高大学生的思想觉悟，促进大学生全面发展。为此，应该纠正以往高校教育中的一些偏失和不足，将人才的思想道德和政治价值观放在首位。大学生思想政治教育机制创新，不仅要以提高大学生思想道德素质为目的，而且要促进当代大学生的身心健康，促进他们在德智体美等方面整体和谐发展。

思想政治教育的实效最终还在于大学生对社会主流价值的认同和对高尚道德的追求，形成与社会主义经济社会发展相适应的素质。这就要加强大学生思想政治教育的针对性和实效性，在不同层次的教育过

程中，进行思想政治教育各种要素的适当整合，抓住不同层次的重点进行分类教育，加强针对性，做到对症下药，有的放矢，促进不同个性的大学生在沿着总体目标发展的前提下各得其所。

在实现大学生思想政治教育机制创新目的的过程中，需要加大感情投入，充分体现机制创新的人文关怀。教育者如果用更多的感情来感化大学生，优化思想政治教育，以健全、完善、严格的教育机制来引导大学生的思想和行为，就可以达到思想政治教育的理想境界。思想政治教育机制必须着眼于激励和调动大学生内在动力和积极性，让他们在平等交流中获得信息，在坦诚讨论中得到启迪，通过独立的思考和广泛参与，提升自身思想道德素质。

2.认清机制创新的功能

思想政治教育机制具有重要功能，而机制的创新则在于放大这种功能，开创大学生思想政治教育工作的新局面。

首先，需要开放育人，形成学校、社会和家庭齐抓共管的局面。思想政治教育过程是有规律可循的，机制功能之大小在于它是否合乎规律。开放的社会，学校不可能封闭，经济社会的发展无不对大学生产生影响，因此需要开放育人，这是具有规律性的事。学校要与社会、家庭相联系，发挥社会和家庭在大学生思想政治教育中的作用，真正形成学校、社会、家庭等齐抓共管的大学生思想政治教育工作格局。

其次，需要统筹安排，促进思想政治教育不同方面协调发展。大学生思想政治教育的内容和形式、目的和手段、方法和途径等各有自己的特点和功能，但不能各行其是，而是必须形成一个有机的整体，而整体的形成最终都要通过思想政治教育机制的完善来保障。创新思想政治教育机制，能够使得思想政治教育的各方面充分发挥各自的作用，实现资源有效配置，使各方面根植于理论与人格的力量中，而不随心所欲。

3.尊重机制创新的主体

思想政治教育合力能否形成，达到什么程度，将取决于各相关主体的认识和态度，各责任主体认识不到位，行动不自觉，缺少积极性，思想政治教育的合力就很难形成。其实，大学生思想政治教育决不只是政工干部、辅导员、思想政治理论课教师的事，而应该是全员参与，不同的主体应充分认识自己在思想政治教育中的职责，积极主动对大学生进行思想政治教育，不断总结经验和相互借鉴，尽量吸收正面的、积极的经验，摒弃消极和负面的影响，真正形成教书育人、管理育人、服务育人的整体格局。为进一步提高思想政治教育的合力，尤其需要树立全局观念，整合教育资源，充分发挥机制创新的整体效应。

（二）主动化解大学生思想政治教育机制创新中的突出矛盾

大学生思想政治教育机制创新是一项复杂而艰巨的系统工程，创新中会出现诸多矛盾，能否正确认识和处理这些矛盾，关系到大学生思想政治教育的质量、水平和实效。

1.发扬优良传统与超越传统模式的矛盾

思想政治教育中的传统包括两个方面，即具有长久意义的优良传统和不合时宜应当革新的传统。当代思想政治教育是在以前思想政治教育成功经验基础上开展的，离开了传统思想政治教育就会失去继续前进和发展的前提条件，甚至可能割断思想政治教育发展的历史，成为无源之水。可见，大学生思想政治教育必须深深扎根于思想政治教育优良传统的土壤中，挖掘丰富而有当代价值的资源，使大学生思想政治教育具有深厚的历史底蕴。

思想政治教育传统中有许多仍然具有当代意义。在教育内容方面，传统思想政治教育中强调自强不息的精神、艰苦朴素的作风、义重于利的价值观念，这些对于大学生思想政治教育创新具有重要的作用；在教育方法方面，思想政治教育一向追求的实事求是、民主疏导、渗透、激励、示范，以及交心谈心、批评和自我批评、预防教育、心理咨询等，这些都有利于促进思想政治教育的进一步创新；在主体作用方面，传统思想政治教育强调教书育人、为人师表以及学生尊敬师长、学生之间团结友爱等，这些也仍然具有当代价值。

思想政治教育既要发扬传统，又要超越传统，体现与时俱进的精神。大学生思想政治教育需要相互学习借鉴、取长补短。时代在不断进步，大学生思想政治教育机制要紧随时代的发展而发展。现实表明，大学生思想政治教育并不是都能够跟上时代的发展，有些是在传统模式中徘徊，而且在很多思想政治教育者头脑中存在着一些不适应时代发展要求的认识，用一些旧的模式和思想观念来教育受教育者，其结果达不到预期效果，有时候反而会帮倒忙。因此，必须抛弃思想政治教育传统中那些不合时宜的东西。进而言之，即使是对思想政治教育传统中那些仍有当代价值的东西，也要赋予新义，结合时代的要求充实内容，改造形式，使之日益完善。

在传统的发扬与超越的关系问题上，一个不容忽视的问题是，大学生思想政治理论课仅仅只是按照书本知识组织教学，脱离学生实际、缺少与其他学科的必要联系，会导致思想政治教育机制僵化、效果欠佳。这种忽视学生主观能动性的发挥，使学生处于被动、服从的地位的做法，难以达到思想政治教育的预期目的。这种缺少与其他学科联系的做法，也使思想政治理论课程难以达到全面了解和教育学生的目的。因此，超越传统，要在遵循马克思主义的世界观和方法论的基础上，从大学生思想的实际出发，贴近实际、贴近生活，尊重学生主体地位，发挥学生主观能动性；同时，需要将各学科有价值的东西运用到思想政治教育中，汲取其丰富的养分，丰富思想政治教育的资源，增强思想政治教育的活力。只有如此，才能使思想政治理论课发挥育人功能，达到预期目的。

2.维护学生权益与严格要求学生的矛盾

大学生是一个素质较高的群体，应当使他们能够在维护自己权利的同时，争取做到严格要求自己。在对大学生进行思想政治教育的过程中，教育者既要行使维护学生权益的职能，又要做到严格要求学生，两者并重，缺一不可。过分强调严格要求而忽视维护权益，对学生过分约束，极易使学生的权利受到侵害；反之，过分强调维护权益而忽视严格要求，易使整个教育秩序陷入混乱，不利于学生全面发展。传统的教育理念总是存在不是忽视前者就是忽视后者的问题，有些学校甚至只是重视严格要求，以严格要求为荣，并注重总结这方面的经验，而对于学生权益方面则考虑很少。其实，维护学生权益，并不意味着要放松严格要求，而是要两手抓，使得均衡发展。

3.传授理论知识与提高思想素质的矛盾

思想政治理论课是大学生思想政治教育的主渠道。思想政治理论课有双重任务：一是传授马克思主义基本理论，二是提高学生思想素质。就二者关系来说，前者服从后者。大学生思想政治理论课不能只是知识的传授，最重要的是提高大学生的思想道德素质。现实的问题是，一些高校的思想政治理论课在知识传授过程中忽视了学生思想素质的提高，受教育者面对社会中的困难无法运用所学的知识去解决，缺乏分析问题和解决问题的能力，因而思想政治理论课的育人功能难以实现。鉴于此，教育者应当在传授理论知识的同时，成为大学生学习成才的指导者和引路人，帮助他们总结学习经验，改进学习方法，同时培养受教育者应当具备的责任心、道德判断能力、是非鉴别能力等，以提高他们的理论水平和适应社会的能力。教育者应当努力寻找传授理论知识与提高思想素质的最佳结合点，达到师生共鸣，以增强思想政治教育的效果。

正确处理教育过程中传授理论知识与提高思想素质的矛盾，亦即正确处理手段和目的的关系。传授理论知识并非目的，而是手段。上好思想政治理论课是为了提高学生思想道德素质。理论知识是思想政治素质的基础，掌握了理论知识才能促进思想政治素质的提高，但不能把传授理论作为思想政治理论课的最终目的，更不能出现知识化的倾向。当代大学生除了掌握理论知识以外，需要注重自身素质的提高。教育者应当把大学生思想道德素质的提高主动融入到传授理论知识的过程中，将大学生思想道德素质的提高贯穿于传授理论知识的全过程。

4.遵循统一目标与促进个性发展的矛盾

思想政治教育说到底是做人的工作，在现实生活中，由于人们所处的环境、地位及个人兴趣、爱好、教育程度、思想觉悟等各个方面的差异，使得思想教育工作不能一刀切。过去那种简单划一的做法违背了思想政治教育的规律，违背了客观事实，不利于正确发挥思想政治教育的作用。

大学生思想政治教育的目的是促进大学生全面发展，包括每个大学生的思想道德素质在原有基础上有所发展，以及作为个体的大学生素质尤其是个性的全面发展。在思想政治教育机制运行过程中，要将大学生全面发展最终落实到大学生个人的发展，使之完善个性，成为有独立个性的人。现实中的大学生总是有差异的，一个人可能在这个方面不如他人，但是在另外一个方面可能强于他人，人无完人，不可能处处都强于他人。强于他人的地方是教育者值得关注的，弱于别人的地方则更是教育者应该帮助的。教育者应当用一只眼睛去看受教育者的缺点和不足，用另一只眼睛不断地寻找和感知受教育者的优点和成绩，进而有针对性地进行教育，扬长补短，促进大学生个体在原有的基础上得到发展。应该指出，促进个性发展不是脱离统一目标，而是不局限于统一目标，要在统一目标的指引下，有针对性地、主动地创造条件促进大学生个性发展。

人都要经历一个社会化和个性化的过程。社会化指共性原则和统一目标，个性化指个体发展和特质所在。尊重个性发展是任何一个健全社会的必然选择，也是大学生思想政治教育机制创新的重要任务。

第二章　高校网络思想政治教育

第一节　高校网络思想政治教育的发展及内涵

一、我国高校网络思想政治教育的发展历程

我国高校网络思想政治教育经历了以下主要阶段：

第一阶段（1994—1998）高校网络思想政治教育的初步探索时期。在这个时期，主要特征是网络硬件建设的快速发展，教育软环境还没有形成，高校学生在网络运用方面处于社会前列并受到网络负面影响的很大冲击，高校网络思想政治教育实践在被动局面下初步展开。在此情况下，高校网络思想政治教育研究者们提出了一些较符合实际的应对策略：一是“防”，国家建立健全法律和规范，监控网络信息和行为，高校加强管理学生的网络行为，防止网络危害；二是“堵”，即堵住有害信息的传播，高校要审查、控制网络信息的内容并运用技术手段阻止不好信息进人校园；三是“管”，加强学生的教育和行为管理，并开展正面的宣传教育。

第二阶段（1999—2000）高校网络思想政治教育的主动建设时期。1999年中共中央下发《中共中央关于加强和改进大学生思想工作的若干意见》和2000年国家教育部下发《教育部关于加强高等学校思想政治教育进网络工作的若干意见》推动了高校网络思想政治教育的快速发展。在此时期，高校不断成熟和完善网络硬件建设，

以校园BBS和学生网站为主要模式的校园网络发展较快，各种类网站不断产生，主动建设高校思想政治教育网站成为这一时期的重要任务。它的研究进入一个新阶段，高校网络思想政治教育研究者们更关注的是网络给思想政治教育所带来的正反面影响，一方面是在理论知识认识上不仅局限于对网络负面影响的分析，更强调了思想政治教育进入网络的必要性；另一方面是确立了思想政治教育完整性原则、主动性原则和参与性原则，等等，而且他们还探讨了思想政治教育进入网络的方法和形式，提出既要有丰富内容，又要有合理布局的形式。

第三阶段（2001至今）深入发展时期。在这一时期，主要特点是更加成熟和完善的校园网络建设与应用普及，高校学生逐渐形成了对网络思想政治教育的依赖，网络思想政治教育的地位、作用逐步明显。高校网络思想政治教育和综合性的校园网络社区建设结合，网上教育逐渐和网下教育相互结合，形成互相联系的教育格局。它的研究进入一个较全面的发展时期，它的理论体系的建构也已成为研究课题。同时，它的理论创新问题也开始起步，其主要内容包括：一是全面总结思想政治教育进入网络的工作经验；二是对网络环境下思想政治教育理论进行综合、系统的研究；三是多学科、多视角的专题研究。

二、高校网络思想政治教育的内涵

（一）网络思想政治教育的定义及特性

1.网络思想政治教育的定义

网络思想政治教育作为网络环境下思想政治教育的一种新形态，是指一定社会或社会组织、群体用一定的思想观念、政治观点、道德规范和网络素养要求，以现代信息网络为中介，以互动引导、建设管理、制度规范等为基本方式，对社会成员进行有目的、有计划、有组织的教育和影响，促进社会成员在教育活动中自主性的发挥和思想政治品德的自主建构，从而使社会成员形成符合一定社会或一定阶级所需要的思想政治品德的社会实践活动。

2.网络思想政治教育的特性

作为思想政治教育的一种新形态，网络思想政治教育具有思想政治教育的全部特性。由于网络媒体发展而带来的变化，又使得网络思想政治教育具有新媒体性的独有特性，同时在其他特性方面也呈现出不同于一般思想政治教育的状态。

（1）新媒体性

社会形态总是历史的、具体的，网络思想政治教育不同于传统思想政治教育的特性在于，它以现代信息网络为中介进行社会实践活动，表现为虚拟与现实相融合的形态。网络思想政治教育的产生是基于网络媒介的发展和变化，网络作为新媒体的典型代表，也使得网络思想政治的新媒体性显得尤为突出。

新媒体的发展态势可概括为社会网络化和网络社会化。新媒体就是以数字技术、网络技术等现代信息通信技术为基础，以数字性、互联性和融合性等为传播特征的新的传媒形态。新媒体表现为以数字化为基础，具有互联的传播形态，具有融合化的趋势。这些特点对网络思想政治教育的特性表现具有重大影响。

首先，网络思想政治教育的新媒体性首先表现为其教育内容的数字化、网络化，熟练运用新媒体传播手段建设网上阵地始终是其重要任务；其次，网络思想政治教育活动是虚拟性和现实性的结合，强调网上网下的联动，拓展了思想政治教育的活动空间；最后，网络思想政治教育体现出教育活动的极强的互动性，强调教育者和教育对象“网来网去”的深入交往，如果缺乏有效的互动活动，就谈不上真正意义上的网络思想政治教育。

（2）时代性

信息化时代所具有的综合性、整体性社会变革的性质，在网络思想政治教育活动上有显著反映，时代性是网络思想政治教育的鲜明特征。网络的普及应用不仅是一个技术创新的过程，在根本上它还是一个作为媒介的技术与社会、文化相互作用的过程。网络技术的发展和应用，不仅为人们提供了新的媒介工具，形成了新的媒介场域，而且构建了新的社会空间，创造了新文化生活方式。因此，从时代发展的整体上把握作为媒介的网络技术与社会、文化相互作用的过程，把握网络社会文化的发展对思想政治教育提出的新问题和新要求，应当是网络思想政治教育研究和实践的基点。由此，就要求我们研究网络媒介技术新结构、新特性和传播的规律性，网络媒介场域中各种思潮、观念的冲突、影响和发展态势，网络社会交往关系的变化和影响，网络社会与现实社会的相互作用，网络对人们价值观念和社会心理、生活方式、行为方式的影响，网上国际意识形态竞争和文化领导权争夺的态势和影响，等等，把握网络环境和网络生活对人的思想政治品德形成发展的影响，把握网络环境中对人们进行思想政治教育的规律性。换言之，全面认识网络社会文化发展的时代特性和时代要求，深入地把握网络社会文化影响人们思想政治品德形成和发展的规律性，是网络思想政治教育重要的认识任务，也是提高网络思想政治教育针对性和实效性的前提。

（3）社会性

开放的网络环境凸显了思想政治教育广泛的社会性质。网络思想政治教育的对象不仅涉及青少年学生，也需要积极教育引导广大干部和群众；我国网络思想政治工作涉及优秀网络文化产品的生产、先进文化信息的传播、网上精神家园的共建和管理、公民网络文明素养的提升、健康向上的网络文化氛围的营造、制度环境的构建、国家信息安全的维护等广泛的领域，体现为一项重大的社会工程；党和政府、各级领导干部、思想政治工作者、文化教育工作者、企业和家庭乃至网民自身，都负有建设先进网络文化、进行教育和自我教育的社会责任。网络思想政治教育作为思想政治教育的重要组成部分，不仅要以开放的社会视野做好培养人和教育干部、群众的工作，还要积极参与先进网络文化建设的社会工程，引导网络舆论和网民社会行为，唱响网上思想文化主旋律，努力宣传科学真理，倡导科学精神，传播先进文化，塑造美好心灵并弘扬社会正气，推动网络社会与现实社会的和谐发展，为全面建设小康社会提供有力的思想保证和舆论支持，这是我国网络思想政治教育活动承担的重要社会责任。思想政治教育不同于其他专门学科的知识技能教育，它以一定社会的核心价值体系教育为根本内容，并体现为一种广泛的社会实践活动，其教育主体、对象、过程均具有广泛的社会性质。

然而，无论是在思想政治教育理论研究还是在目前网络思想政治教育的研究中，思想政治教育活动的社会性质却没有得到充分阐释和足够重视，在较大程度上导致了对思想政治教育狭义的认识和实践，把思想政治教育局限于学校德育，甚至等同于学校思想政治理论课教学工作和学生工作。因此我们必须站在社会教育的层面，重新审视思想政治教育过程本身，对其显著的社会性特征予以高度重视。

（4）实践性

一方面，网络社会文化生活具有虚拟性，网民的虚拟实践表现出不同于现实实践中社会认知、情感体验和表达、行为方式的特征，对他们思想政治品德的形成和发展产生着重要的影响，这就要求思想政治教育者把握网民虚拟实践的特征，注重通过网上日常交互实践实现对网民的有效引导；另一方面，网络社会文化生活在实质上同样具有现实性。活动于网络空间的人，其数字行为、思想、观点、情感的表达、体验、沟通都是现实的，并对现实的世界发生着实际的作用。因此，网络思想政治教育根本上面对的仍然是现实的人和他们现实的活动，这就要求思想政治教育者必须从现实的社会问题和人的现实需要出发，深入做好教育引导工作。同时，网络思想政治教育作为一种实践活动也需要达到虚拟形态和现实形态的统一，重视网上教育引导与现实教育引导工作的契合。网络思想政治教育的实践性促使我们必须遵循网络社会文化生活的规律性，有效地开展网络思想政治教育实践活动。

（5）导向性

网络思想政治教育的导向性主要体现在其阶级性、指向性、引导性等方面。

第一，在阶级社会或存在阶级斗争影响的情况下，思想政治教育作为一定社会或阶级的核心价值体系教育和传播的实践活动具有阶级性。在当代，包括网络等新媒介在内的大众传播已经成为传达社会价值观的主要方式，在开放的网络环境下，思想政治教育的阶级性不仅没有削弱，而且有强化和复杂化的态势，但在目前国内的相关研究中，往往注重以网络社会或文化的特征来阐释网络思想政治教育的性质，淡化了网络思想政治教育的意识形态性质。

第二，网络思想政治教育的导向性还表现为对人们在网络环境中的思想行为的指向性。建设先进的网络文化，用社会主义核心价值体系教育干部和群众，促进人的全面发展，培养社会主义事业的合格建设者和接班人，是我国网络思想政治教育承担的根本的时代使命，这也是网络思想政治教育指向性的现实表现。

第三，网络思想政治教育还对网络环境中人们思想政治品德的形成具有引导性。网络思想政治教育作为网络环境下思想政治教育的一种新形态，也是要教育者通过教育活动达到促进社会成员形成符合一定社会或一定阶级所需要的思想政治品德的目标。因此，网络思想政治教育必定会以现代信息网络为中介，以互动引导、建设管理、制度规范等为基本方式来持续地引导受教育者的思想观念形成和行为的规范。网络思想政治教育的引导性是十分明显的。

（二）大学生网络思想政治教育的定义及构成

1.大学生网络思想政治教育的定义

大学生网络思想政治教育的定义有狭义与广义之分。狭义的大学生网络思想政治教育主要是指通过教师的积极引导以及高校和教育部门制定相关规章制度，从而有效规范大学生的网络行为，提高网络安全意识、诚信意识以及甄选信息的能力，积极配合高校德育工作。高校的任课教师以及辅导员是大学生网络思想政治教育的施教主体，相应的使用互联网的高校学生是受教主体，施教主体对受教主体的基本工作内容就是引导和监督网络行为，保证学生思想健康向上发展。广义的大学生网络思想政治教育除了包括上述概念外，还涵盖了教师以及高校利用网络对传统的思想政治教育内容进行推广，这些也属于网络教育和远程教育范畴。因此广义上的大学生网络思想政治教育可以定义为在高校开展与网络有关的思想政治教育，是在网络环境下对高校德育工作的全新诠释。

2.大学生网络思想政治教育的构成

（1）大学生网络思想政治教育的物理载体——互联网

大学生网络思想政治教育的产生与发展始终与互联网有着密切联系，面临的现实问题因网络而生，需要通过在高校开展德育工作予以解决，同时互联网为大学生网络思想政治教育提供了现代化的开放性平台，极大程度上促进了远程教育的完善以及发展。甚至可以这样认为，互联网的存在使大学生网络思想政治教育成为必然，它的广泛应用随时随地向高校德育工作提出新要求并且创造了积极的条件。

（2）大学生网络思想政治教育开展依赖教师与学生的共同努力

教师与学生始终是学校教育工作的主体，特别是在与网络有关的德育方面，除了应当注重对学生的网络行为和思想提出相应要求外，教师自身更应当积极提升专业能力，同时使道德品质日益完善。绝对不可以排斥网络，要在了解和熟悉它的过程中客观看待网络引发的社会问题，教师授课过程中尽量避免自己言行上的片面性，对学生上网进行积极引导，在平等互助的氛围中树立正确的理念。

（3）大学生网络思想政治教育的主要保障：完善健全的制度

这些制度不仅包括对学生的评估考核制度，同样要涉及教师乃至整个学校的考核制度。秉持公平、公正、公开的原则，做到奖惩分明，提高评估透明度。由于科学技术代表着第一生产力，网络始终与创新相连，因此高校在制定相关制度的过程中应该对互联网采取鼓励的态度，根据自己的现实情况对大学生使用网络过程中存在的问题酌情解决，避免因过度极端犯下片面的错误。此外各项制度在细节方面也要逐步完善，这样执行过程中才会有法可依，避免钻制度的漏洞，从根本上保证大学生网络思想政治教育的现实意义。

（4）大学生网络思想政治教育的目标：促进大学生的全面发展

社会生产力的飞速发展除了要求具有专业知识的人才外，还需要现代教育能够提供必备条件保障人才具有高尚的道德情操。因此高校不仅注重帮助学生吸收基础以及专业知识，更要对德育工作予以足够的重视。网络日渐成为高校教育工作中必不可少的组成部分，大量外来信息的涌入既为高校德育工作提供了契机，同时也是艰巨的挑战。教师有责任和义务帮助学生形成去伪存真、去粗取精的学习方法以及学习习惯，在先进的互联网技术背景下提升学生的综合能力，使之真正做到全面发展。

（三）大学生网络思想政治教育的特点

1.注重学生的个性化教育

在传统德育基础之上，大学生网络思想政治教育更加肯定和尊重学生自身作为独立个体的人生发展规划，将中华民族传统美德与社会发展的现实需求相结合，以马克思主义政治经济学为指导，充分发挥互联网在现实生活以及教学过程中的优势，通过资源共享和及时交流帮助学生找到正确的人生定位，从兴趣爱好出发提升自我，实现自我。这对解决大学毕业生的就业问题以及推进高校民主管理都非常有益。

2.对教师的专业以及个人素养要求较高

由于大学生网络思想政治教育不仅涉及教育领域的专业知识，还要求教师对计算机技术、现代通信技术等高新技术有所涉猎，因此需要教师在授课以及日常工作过程中随时充电，不仅在理论方面有坚实的知识储备，在实际操作和为人处事方面也要起到表率作用。此外由于互联网扩大了学生的社交面，并且在增加了信息量的同时也给用户带来了很多负面的冗余信息，因此教师必须要懂得心理学、行为学以及其他学科的相关知识，以便及时为学生提供帮助。

3.形式多样，内容更新迅速

无论是迅速发展的网络技术还是随时随地都在更新的网络内容在为大学生网络思想政治教育提供了多样化教学形式的同时，更加需要教育体系具有灵活性，能够对学生群体中的新情况及时做出反映。这对大学生网络思想政治教育的理论与实践工作而言都是巨大的挑战，但同时也保证了高校德育工作的与时俱进。只有及时跟进互联网的发展，在变化过程中完善大学生网络思想政治教育体系，才能培养出德才兼备的高素质人才。

4.教育途径多元化

除了正常的课堂教学以及高校的日常学生工作外，大学生网络思想政治教育还非常注重校园网提供的多媒体教学和教师的隐性引导。通过班级、院系的网页建设、学生论坛和在线聊天工具的即时交流，注重与学生沟通，打破以往教师讲学生听的传统模式，在网络平等开放的平台上了解学生的真实想法，以多元化的教育途径全方位监督和引导学生使用互联网，推动教学目标的顺利完成。

5.与国际接轨，理念具有开放性

互联网的无国界性以及我国社会生产力的迅速发展为我国高校与国际社会提供了很多难得的交流合作机会，特别是远程教育的开展，学校与学校之间不仅在学术研究方面碰撞出许多火花，发达国家在大学生德育方面的先进理念也被国内部分高校借鉴，以兼容并包的态度将科学合理的国际化教育理念融入大学生网络思想政治教育的实际工作中，对各大高校的学生工作有非常积极的现实意义。

（四）大学生网络思想政治教育的意义

1.有利于完善高校思想政治教育工作

针对网络进行的大学生思想政治教育是高校德育工作的新兴领域，学生在接触和使用网络过程中的问题日益突显。如果不予以足够重视，不仅对正常的教学工作产生严重影响，甚至还会造成相应的社会问题。因此，在新形势下开展大学生网络思想政治教育有利于高校思想政治教育工作的完善，使我国的高等教育实现全方位立体化建设，缩短师生之间的心理距离，以建设和谐社会为目标，从思想实质提升学生的自控能力，最大限度优化配置网络资源。

2.过滤网络信息，净化网络环境

高校学生通过互联网获得大量信息的同时，也受到很多冗余信息的干扰，这些信息不仅在知识性方面存在严重的错误，有些还会对学生产生意识形态方面的误导，诸如不法分子利用网络传递的煽动性信息，需要学校在加强校园网络安全建设的同时对大学生的思想进行积极引导，明确指出这些信息背后扭曲的丑陋思想，而对于某些误导学生消费者的商业行为，教师也应当引导学生理智看待，站在客观的角度上吸收网络信息，并且自觉规范网络行为，始终应当明白，无论是在现实世界还是网络的虚拟世界，都要具有责任感，以正直诚实的态度经营好自己的人生。

3.进一步推动我国教育改革的现代化进程

教育改革是我国建立现代化教育机制的重要举措，它关系到未来社会的人才结构以及我国在国际社会中的竞争力。教育是国家发展和文化振兴的根本。随着我国与世界各国交往的日益频繁，以及自身综合国力的稳步提升，教育改革势在必行。其中高校德育工作更是重中之重，它是我国精神文明建设的重要组成部分，而大学生网络思想政治教育则体现了高校德育工作的现代化状态，有助于进一步推进教育改革，在技术创新的同时更加注重思想创新，才能保证我国高等教育理念的先进性。

4.实现高校德育工作的动态发展

用户积极参与以及网站凭借内容及时更新等特点使互联网始终处于动态发展过程中，这意味着高校德育工作随时随地可能面对各种各样从未遇到过的棘手问题，但也因此提高了大学生网络思想政治教育工作者和整个团队的应变能力，从以往的问题中总结经验，勇敢面对全新的问题以及形势，在不断完善各项规章制度的同时制定应急方案，选拔德才兼备的教师，从而加强高等教育工作的张力和韧性。

5.学生主体地位得以有效突出，极大提高了教学效率

大学生网络思想政治教育倡导学生个性化发展，将传统的灌输式教学转变为根据学生兴趣培养相应的学习习惯，充分利用网络产生的吸引力使学生主动接受正确的人生理念，从而树立健康向上的世界观和方法论，努力学习现代化的科学技术，在先进意识的指导下参与社会实践。这极大提高了高校教学效率，不仅推动了德育工作，还为基础以及专业教学提供了新的参考模板，让更多教育工作者以及研究人员意识到科学技术作为第一生产力的巨大现实力量。

第二节 大学生网络思想政治教育体系

高校网络思想政治教育已进入快速发展阶段，网络思想政治教育的研究视角越来越广，越来越全面。随着网络思想政治教育实践的日益深入，更加突显出理论体系的构建和完善的重要性和发展趋势，越来越多的学者认识到高校网络思想政治教育体系的必要性和可行性，并从不同的角度、不同的层面论述了构建网络思想政治教育体系的途径。

体系是一个科学术语，泛指在一定的范围内相同或者同类的事物按照一定的秩序和内部联系组合而成的整体。笔者认为高校网络思想政治教育体系，是结合高校网络思想政治教育所具备的特征，将与其相关的各种手段、资源和思想整合起来，从而形成有效的、科学的网络思想政治教育模式。高校网络思想政治教育体系是力求在指导思想、目标、原则等方面形成可以指导高校网络思政工作具体实践的理论，提出可以用于具体实践的方法和途径，改善过去研究中的不足，结合网络新媒体的新特点，在过去研究的基础上进一步地升华网络思想政治理论的要求。

一、大学生网络思想政治教育体系的主要内容

大学生网络思想政治教育是有机统一的整体，在大学生全面发展这个总体目标的指引下，各要素只有充分实现协调发展，各部门密切配合，网络环境下的整个高校德育系统才能实现良性运作。本节从大学生网络思想政治教育原则、教育内容、教育途径三个方面对大学生网络思想政治教育体系进行介绍。

（一）大学生网络思想政治教育原则

大学生网络思想政治教育是科学的系统化工程，任何环节都必须遵

循相关原则。

1.解放思想、实事求是原则

大学生网络思想政治教育的总体目标是大学生全面发展。在这个总体目标的指引下必须统一解放思想与实事求是，坚持以人为本，创新要以人的现实需求为前提，从高校实际情况出发，客观看待现状以及网络给高校德育工作带来的负面影响，不片面夸大教学成果，肯定师生在大学生网络思想政治教育体制创新中做出的贡献。注重维护社会公平，努力提高工作效率，保障师生的合法权益。高校应当认真听取广大师生的建议，给每位教师平等的晋升、培训机会，使其充分发挥自身潜力，加强对学生的思想引导工作，形成自觉自愿的大学生网络思想政治教育氛围，提高学生的自控能力，通过有效约束自我使校园网络环境得以真正净化。全体教育工作者都应当意识到促进经济发展、维护社会稳定是每个中国公民应尽的责任和义务，只有大学生网络思想政治教育机制不断完善，在解放思想中实现创新发展，坚持实事求是稳定推进我国教育改革，网络技术才能充分为我所用，创造出巨大的经济以及社会价值，全面提高国家综合国力。

2.以人为本原则

“以人为本”体现了科学发展观的实质。大学生网络思想政治教育机制遵循社会主义先进思想道德的指引，重视人作为客观存在的主观能动性。坚持将先进的社会主义思想道德应用于教学一线，从学生的实际情况出发，体现其在大学生网络思想政治教育体系中的主体性，以校党委为领导核心充分发挥教师的引导作用。大学生网络思想政治教育创新必须能够真正反映学生的需求，教师因势利导，充分发挥先进人物的示范带头作用，始终秉持高等教育“育人”的原则，促进人的长远、稳定、可持续发展。教育工作者尊重学生利用校园网获取知识的需求，依据中国共产党全心全意为人民服务的宗旨开展工作，增强教学实践环节的柔韧性，注重学生的接受度，从思想深处坚定社会主义信念。

3.教育与管理相结合原则

坚持教育与管理相结合原则是经济全球化以及高等院校教育改革的必然。近年来我国经济迅速发展，社会必要劳动时间逐渐提高，客观上要求高校必须不断提高工作效率才能真正实现物质文明建设与精神文明建设的和谐发展。教师需要对高校德育工作事无巨细，大学生网络思想政治教育计划的充分实现有赖于高校管理方法不断创新，通过建立相关激励机制，调动全体教职人员的工作热情，在工作中使基础知识更加扎实，积极学习网络技术，不断丰富自己的教育理念，肯定人，重视人，高校充分为师生提供发挥才能的广阔平台。只有教师素质得以全面提升，教育质量才能从根本上得到改善，进而促进我国经济的持续发展，顺应经济全球化以及教育改革趋势，以科学发展观为指导，实现个人与环境的有机协调。

（二）大学生网络思想政治教育内容

1.公民基本道德规范教育

公民基本道德规范涵盖了依法治国、社会公德、集体主义、职业道德以及家庭美德的内容，体现了社会主义国家的优越性，具有鲜明的时代色彩，符合社会发展需要，内容覆盖到社会生活的方方面面。作为大学生网络思想政治教育的基本内容，公民基本道德规范有助于高校形成制度建设与德育工作协调发展的局面，促进社会主义精神文明建设，紧跟经济全球化步伐，深入贯彻落实马克思列宁主义、毛泽东思想、邓小平理论、“三个代表”重要思想、科学发展观，有助于社会主义法制建设以及校园民主建设的进一步推进。以先进的思想政治理念武装学生头脑，形成良好的自我控制能力，通过认真细致地学习对公民基本道德规范有深刻理解，从而能够自觉遵守学校相关规章制度，加强自我管理，在高校以及全社会的大力倡导下使公民基本道德规范成为自己的行动准则，与人生观、世界观、价值观充分融合，构成稳定的爱国主义精神和社会主义信念。

2.理想信念教育

理想信念教育是大学生网络思想政治教育的核心。网络的迅速普及增加了高校教育教学环境的复杂性，大学生只有以更加积极乐观的态度来看待现实世界，在实践中不断磨练自我，抱着必胜的信心坚定自己的理想信念，才能在纷繁复杂的外界环境中保持清醒的头脑。秉持诚信意识，通过艰苦奋斗增强社会主义责任感，弘扬爱国主义精神，以良好健康的心态迎接经济全球化的挑战。高校利用校园网络加强理想信念教育使大学生面对瞬息万变的外界环境坐怀不乱，经过长期参与社会实践形成周密细致的分析判断能力，特别是对某些腐朽奢靡的生活理念形成强大的抵抗力，明辨是非对错。以勤奋顽强的精神状态面对现实生活中的挫折，不沮丧，不颓废，勇于战胜困难，超越自我，最终形成不屈不挠的意志力。

3.爱国主义教育

爱国主义教育的主要内容包括教师引导学生爱社会主义国家，热爱广大人民群众，自觉维护人民的利益，通过诚实劳动努力为人民服务，推动社会主义现代化建设平稳发展，坚持把科学技术作为第一生产力，坚定学生的社会主义信念。爱国主义教育是一项长期而紧迫的任务。网络技术的迅速发展，互联网的日益普及，以及人民群众精神文化需求的不断增长，都对高校深入开展爱国主义教育提出了新的挑战。各国思想文化在不断的沟通交流过程中碰撞融合，大学生网络思想政治教育随时随地可能遇到新问题，需要教育工作者充分发挥创造性才能，尽可能利用时代赋予高校德育工作的各种机遇，巩固爱国主义教育成果。大学生群体是实现中华民族伟大复兴以及全面推进社会主义现代化建设的中坚力量，只有将爱国主义教育纳入高校德育工作中，培养大学生强烈的民族自尊心和自豪感，才能使我国在激烈的国际竞争中始终立于不败之地。爱国主义教育是大学生网络思想政治教育的关键内容，必须引起教育工作者的充分重视。

4.心理健康教育

良好的心理素质有助于学生形成自立自强意识，减少依赖感，避免浮躁情绪滋生，正确看待竞争，为了梦想脚踏实地地付出行动，努力寻找适合自己的学习方法，提高学习效率。大学生网络思想政治教育体系中的心理健康教育包括挫折心理教育、个人修养教育、情绪调节教育等，旨在帮助学生正确认识和看待自我，保持自信，以乐观的心态经营好属于自己的每一天，运用普遍联系的观点看待网络虚拟世界与现实世界之间的关系，防止学生过分依赖网络生活，通过积极参与社会实践，挑战自我，实现自我，超越自我，规避性格构成中的劣势，经营好自己的人生，合理定位人生，执着追逐梦想，从而真正在社会竞争中取胜，以实干家的姿态努力创新，为实现梦想找到真正的出路。大学生网络思想政治教育必须坚持社会主义思想道德建设与推动社会主义市场经济发展相适应。教师帮助学生勇敢从容地面对考试、升学、就业压力，必须要让他们明白成功需要经过量的不断积累，绝对不可能一蹴而就。鼓励学生积极参与社会实践，在社会实践中把自己锻炼得更加坚强，面对问题认真思考，耐心总结经验教训，促进大学生身体与心灵的协调发展。

5.社会实践与就业指导

社会实践将网络与现实世界有机融合，就业指导将高校与社会密切相连，有效疏通了人力资源流通渠道，使大学生的综合素养在不断磨练中得以稳步提升。大学生利用网络极大程度地提高了学习效率，在教师的指导下对信息进行筛选，使其对实践产生巨大的促进作用，并且实践令大学生获得很多宝贵的经验，为日后就业走上工作岗位提供了必要的保证，增强了他们的自信心，能够以更加积极主动的态度面对竞争，用实力开拓一片属于自己的天空。网络时代的到来为我国高校德育工作开创了崭新的领域，在新的历史条件下，大学生网络思想政治教育对于振奋民族精神和增强中华民族的凝聚力具有深远的历史意义。时代赋予了大学生更多机遇与挑战的同时，也令传统的思想政治教育内容得以实现动态更新，作为大学生网络思想政治教育的主要内容之一，社会实践与就业指导越来越受到全体教育工作者以及社会各界的高度重视。

（三）大学生网络思想政治教育途径

根据不同的教育载体，可以将大学生网络思想政治教育途径分为传统教育途径、网络教育途径、社会生活教育途径。

1.传统教育途径

传统教育途径主要指课堂教学以及与之相关的课后辅导活动等。课堂教学的优点是教师凭借自己丰富的教育经验将大学生网络思想政治教育内容有重点地传达给学生，通过加强师生之间的互动及时了解学生的现实情况，针对教学过程中的具体问题开展工作，并且便于考核评定教学效果。课堂教学的缺点是教学内容容易受到教师个人偏好、综合能力的影响，对教师的素质要求较高，另外课堂教学信息容量有限，学生往往显得较为被动。传统教育途径目前在我国高校德育工作中仍然被广泛使用，它在整个大学生网络思想政治教育体系中发挥着基础性作用，以“两课”教学为代表。只有立足于课堂教学，充分利用网络技术在此基础上不断创新，大学生网络思想政治教育的发展才会呈现出稳定性。

2.网络教育途径

网络给高校德育工作带来新问题的同时也实现了大学生思想政治教育途径的创新。充分利用网络无国界、多元化、多媒体的特性打破客观限制，摆脱个人思维方面的局限性，增加大学生思想政治教育内容，令学生的视野更加开阔，能够从客观的角度看待国际形势和社会热点问题。通过在网上建立大学生思想政治教育阵地，积极宣传社会主义思想道德，使学生拥有更多的自主性，有针对性地就某一大家关心的问题展开讨论，教师加强监督和引导，利用网络的在线交流功能及时为学生解除困惑，在网络这个开放性平台上鼓励学生勇于展现自我，努力学习科学文化知识，不断实现自我。

3.社会生活教育途径

大学生网络思想政治教育具有极其广泛的内涵和外延，它涉及社会生活的方方面面，因此，高校绝对不能忽视在学生日常生活中的渗透式教学，注重营造积极健康的校园文化氛围，通过开展各种社会实践活动加强大学生网络思想政治的养成教育，努力传播先进思想，弘扬爱国主义精神和集体主义精神，在实践中帮助学生明辨是非，抵制不良信息，将广播、电视、报纸等传统媒体与网络技术有机结合，推荐各种充满励志色彩的艺术作品，加强对学生的正确引导，促进学生形成高雅的生活情趣和不屈不挠的奋斗精神。大学生网络思想政治教育途径的充分拓展不仅使网络环境得以有效净化，更重要的是在全社会范围内形成了高尚的思想道德氛围，对整个国家的发展都具有建设性意义。

二、大学生网络思想政治教育体系的完善

（一）完善大学生网络思想政治教育体系的基本要求

1.科学性的要求

高校网络思想政治教育体系的完善要贴合科学性的要求。第一，要符合科学发展观的本质，用以人为本、全面、协调发展的观点指导高校网络思想政治教育体系的完善。对高校思想政治教育在网络新媒体背景下的变化和发展进行分析和归纳，逐渐摸索出一套网络思想政治教育适用的基本理论。第二，高校网络思想政治教育体系是要参考

和总结高校思想政治教育发展规律和网络思想政治教育规律，并通过网络思想政治的实践不断总结经验，再上升到高度概括和理论化的体系。第三，高校网络思想政治教育体系的完善要充分了解网络的本质，正确认识网络为思想政治教育利用的可能性。

2.适应性的要求

高校网络思想政治教育体系的完善要符合适应性的要求。第一，必须适应高校网络思想政治教育的队伍现状和特点。网络思想政治教育体系的实效性，与使用这一套理论的教育者所具备的综合素质是分不开的。第二，高校网络思想政治教育体系要适应大学生的心理和思想发展特点和规律，大学生体现在网络虚拟世界和现实世界中的思想和心理世界复杂多变并且有很大的区别，这就决定了高校网络思想政治教育要适应其综合多变的要求。

3.多样性的要求

高校网络思想政治教育的完善还要符合多样性的要求。第一，网络思想政治教育体系的完善要综合考虑网络载体的多样性，要结合网络媒体的综合特点，分析利弊，将其中的有利因素加以升华利用；第二，高校网络思想政治教育的多样性，还在于网络中蕴藏了广博的思想政治教育资料，如果将这些资料进行有效的整合与提升，能更好地为高校网络思想政治教育服务；第三，影响大学生思想和行为的因素呈现多样化，所以网络思想政治教育也需要运用多样性的方式来解决大学生的各种问题。

（二）完善大学生网络思想政治教育体系的措施

1.建设受学生欢迎的思想政治教育网站

建设高校思想政治教育工作网站，要全面考虑思想政治教育管理和服务的工作需要，做到集设计合理的栏目分类、传达丰富的教育内容及打造美观的外形设计于一体。

第一，网站建设要倡导网络思想政治教育新风尚，坚持明确的政治导向，契合时代精神，主题鲜明地传播先进的思想理念。不少高校都已经建立了思想政治教育的工作网站，但大多数形式呆板、内容枯燥，只是简单地将传统教育的内容移到网络上，往往不受学生的关注和欢迎，也就起不到理想中的教育效果，因此网站建设可以通过一些特色做法，例如开辟网上特色党校、网上特色团校，建立网上教育视频库等，用学生喜闻乐见的方式来实现高效思想政治教育工作网站的政治目标。

第二，网站建设要充分实现学生教育和管理的方便、高效、快捷，将高校的日常管理网络化，提高高校日常事务的效率，如提供学生可能需要的文件下载等，同时网站的建设和管理可以邀请学生一起参与，重视和收集学生的意见，发挥学生群体的创造力、能动性。

第三，网站的建设要注重服务性，把网络打造成为“服务学生、贴近学生”的平台，开设学生感兴趣的、对学生有益的就业指导、学习园地、勤工助学、考级考证、网上社团等特色服务类专栏，促进学生综合能力的提升。

第四，网站要通过设置在线留言栏目、意见信箱等方式，促进与学生的双向交流，要实打实地就学生提出的各种问题做好答疑和解释工作，重视学生的需要，切实关注和解决大学生学习以及生活中遇到的实际问题。

2.开展网上心理健康教育活动

目前许多高校都已经拥有了心理辅导的团队，通过心理测试、课堂教育、心理排查等方式为大学生的心理健康“把脉”，但心理咨询和辅导的理念在我国社会及大学校园仍未全面普及，少数人还是将心理问题和精神病联系在一起，导致一些性格内向的学生即使有心理辅导的需要也羞于向专业人士求助。因此，高校应该借助网络新媒体来拓展心理健康教育的方法和途径。

第一，高校应当建立优质的心理健康教育网站或网页，要做到内容和形式贴近实际、贴近学生、贴近生活，介绍与大学生息息相关的心理健康常识及自我调试的办法，还可以开设网上测试和网上讲座等栏目，让学生通过学习增进对心理知识和自身心理状况的了解。要开辟在线心理辅导栏目，为学生建立档案库，由专业的心理辅导老师提供有针对性的心理指导，通过在线的心理咨询为大学生释放心理负面情绪、解决心理问题提供帮助，促使大学生更好地认识自己、悦纳自己，更为有效地化解大学生成长中的烦恼和挫折，使他们能够更为主动、乐观地迈向自我实现。

第二，心理咨询人员应当主动拓宽工作视野和工作内容，适应网络信息公开化的特点，针对网络传播的热点问题，关注学生的心理、情绪变化，分析网络焦点问题中人物的心理、动机等，帮助学生从心理学的角度正确认识和分析网络现象，提高对网络现象以及网络事件的科学认知。高校应当开设一定的心理必修课，让大学生有机会在课堂上和专业老师深入探讨一些网络和社会问题，帮助他们从心理专业的角度提升认识。

第三，高校应加强心理教育队伍建设，重视对辅导员、班主任等一线学生工作人员的心理健康、教育能力培训，建立相应的激励机制，鼓励和引导辅导员等考取心理咨询师、参与心理知识培训、参与心理咨询活动，掌握心理咨询的基本技巧，具备心理素质拓展的基本能力，提升教育学生的综合能力。

第四，网上查阅、吸收信息的便捷性和网上心理咨询的隐蔽性，是网络心理健康教育的两大突出优势，但必须注意的是，网上心理健康教育是现实教育的重要补充，而不能取代传统的高校心理健康教育，网上心理健康教育发现的问题和取得的成果要运用到传统心理健康教育的实践中去。在传统的心理健康教育活动中，可以通过课堂教学、心理拓展活动、心理讲座等开展丰富多彩、形式多样的教育，增强大学生对网络心理健康、网络人际交往、网络认知的正确理解和重视程度。

3.加强网上舆情监控工作

高校网络舆情监控，必须重点关注以下几个方面：一是国内外形势，包括国家重要方针举措、国内外重大突发事件、我国的国际社会关系等；二是网络热议事件。这些话题主要体现在有很大争议的社会事件和非主流社会行为或思想；三是与师生生活关系密切的校园事件或活动，学校的各种与师生员工构成利益关系的事件、政策和举办的重大活动都可能成为舆情产生的热点。

针对网络信息的传播极其迅速这一特点，高校必须及时制定和建立网络舆情的预警机制，构建学校党委、院系、辅导员、班主任、思想政治理论课教师、学生骨干等包含在内的预警机构，形成一整套全面、有效的预警方案。

第一，高校要积极关注和收集网络舆情信息。高校应成立专门的网络舆情信息监察小组，在学生经常活跃的校园网论坛、贴吧、QQ群、微博等网络平台上广泛收集真实和全面的信息，尤其是要结合敏感的事件、时间有针对性地布置网络舆情信息收集的重点，及时观察和获悉网络舆情的动向。

第二，高校应及时开展网络舆情信息的分析工作。要把从各渠道获得的分散的、孤立的信息有序规整，进行深层次的加工以及处理，对网络舆情信息进行定性以及定量的分析，通过敏锐的洞察力有效分辨不好的言论以及较为敏感的信息，并分析其发展趋势。

第三，要及时汇报网络舆情信息。网络舆情监控人员应该将网络舆情中有可能影响安全稳定的潜在因素和信息在第一时间汇报给相应的部门和人员。

第四，要及时处理网络舆情问题。网络舆情问题出现后，应做到在第一时间启动预警机制，采取及时有效的处理方式，积极引导舆情动向，合理疏导负面情绪，防止个人情绪蔓延成为群体情绪，继而导致群体事件。

第五，要做好网络舆情的随时跟进以及总结工作。要一直关注网络舆情情况，及时跟进舆情的新走向、新苗头，及时把学校对舆情问题的处理结果、原因和整顿措施告知给学生，有效疏导学生对焦点问题的不良情绪，消除学生的疑虑与困惑。事后要积极思考、认真总结，把经验运用到今后的工作中去。

第三节　大学生网络思想政治教育机制

一、大学生网络思想政治教育机制的含义

思想政治教育机制研究既是一个十分抽象的理论问题，又是一个十分具体的现实问题。在日常生活中，人们往往对思想政治教育机制与体制、制度、机理不做区分，将思想政治教育机制与原则、方法、模式混淆。思想政治教育机制中包含这些中的部分要素，但又不等同于它们中的任何一个概念。所谓思想政治教育机制，是指思想政治教育系统各构成要素在遵循一定机理的基础上相互作用所形成的比较稳定的关系及其内在运行过程和方式。那么网络思想政治教育机制就可以理解为：为了达到网络思想政治教育目标，追求网络思想政治教育各要素的构成方式、作用方式、呈现方式以及相应的网络思想政治教育活动整体的健康的运行方式和调节方式的总和。亦可理解为：网络思想政治教育运行过程中各构成要素由于其内在机理形成的因果联系和运转方式。

二、大学生网络思想政治教育机制的功能

建立健全大学生网络思想政治教育机制对整个高等教育系统具有巨

大的现实意义。只有在人员、技术、制度的全方位保障下，大学生网络思想政治教育才能真正实现稳定发展，尽可能减少实际工作中的障碍，充分发挥教育功能，利用网络的开放性平台积极宣传社会主义思想道德，协调好各方面关系，把握正确的舆论导向，通过德育工作实践及时发现问题，解决问题，为教育改革提供反馈信息，保障教师以及学生的合法权益，逐步完善各项规章制度使大学生网络思想政治教育工作向精细化方向发展，优化配置教育资源，为构建和谐社会贡献力量。

（一）教育功能

网络由于其丰富的信息量被看作是现代社会的百科全书，也因此使其教育功能成为大学生网络思想政治教育机制的主要功能。政治、经济、科技、文化、教育、娱乐等各方面信息都可以在网上轻松获得，并且随着校园网络管理制度日益完善，网络信息在专业化和权威性上的优势得以充分显现。教师引导学生积极利用网络，通过提倡使用搜索引擎满足学生对信息的个性化需求，打破时间以及空间限制，让学生了解世界，在网络的无国界平台上展现自我。我国与世界各国各地区积极谋求网络互联，大学生网络思想政治教育充分激发了学生关注时事的兴趣，网络文化以兼容并包的形式实现了世界各国文化的有机融合，开阔学生的视野，增长见识，使人生阅历得以不断丰富。高校始终坚持将社会主义思想道德作为大学生网络思想政治教育的主要内容，不断扩大网络环境下高校德育机制的内涵以及外延，奉行教师教书育人的职业准则，使德育与智育有机融合，促进学生的全面发展。

（二）导向功能

社会主义现代化建设要求高校必须顺应时代发展趋势，积极探索新形势下大学生网络思想、政治教育的特点和规律，针对实际工作过程中的薄弱环节进行改革和创新，在内容、途径、方法等方面努力完善大学生网络思想政治教育体系，把公民道德规范、理想信念教育、爱国主义教育、心理健康教育充分融合，在校园内大力开展讲文明树新风活动，教导学生要助人为乐、遵纪守法，自觉维护国家利益，规范个人行为，净化网络环境，将高校德育工作提高到一个新的水平。现代社会人与人之间的交往日益频繁，大学生网络思想政治教育的工作重点应当放在全民族整体素质上，勇于创新，坚持与时俱进，用社会主义先进文化来指导实践，形成师生之间的良性互动，维护公共利益，弘扬民族精神，紧跟时代步伐，推动精神文明建设的有序进行，促进物质文明与精神文明协调发展，保持社会始终处于稳定发展状态。加强社会主义法制建设，把依法治国与以德治国结合起来，引导学生积极学习宣传法律知识，将法律以及社会主义道德作为自己的行为准则，使大学生网络思想政治教育的导向功能得以不断深化和拓展。理论只有能够真正指导实践，并且接受实践检验，理论对个人以及社会未来的发展才具有无限价值。高校要把握好大学生网络思想政治教育的先进理论，利用网络积极开展德育工作，努力形成健康向上的舆论导向，将先进理论的作用不断扩大。

（三）宣传功能

大学生网络思想政治教育机制要求严格过滤网络上的冗余信息，以渗透的方式加强网络文明教育，通过加大对社会主义思想道德的宣传力度，引导大学生合理利用网络。校领导不能只注重硬件设施建设或者一味追求就业率，只把社会主义思想道德宣传工作做在表面，应当积极建立大学生思想政治教育主题网站，实现网络空间的战略性拓展，指派专人从事网络内容维护以及管理工作，及时发布与高校德育工作有关的各种信息，做到大学生网络思想政治教育透明化。特别是面对社会焦点问题方面，高校必须充分利用网络平台对学生进行有效引导，使之形成正确的认知，遵纪守法，避免学生产生极端言论以及行为。大学生网络思想政治教育机制宣传功能的充分发挥有利于学生形成良好的自我控制力，教师有效规范学生网络行为，形成全员抵御不良信息的局面。高校对学生文明的网络行为进行表彰，对在学生群体中创办文明网站予以鼓励和支持，全校师生共同维护健康和谐的网络环境，把握好网络舆论，实现校园网络建设与校园文化建设同步推进。

（四）保障功能

大学生网络思想政治教育的保障功能可以避免高校德育工作中的相关问题重复发生，通过建立健全相关规章制度，有效规范和约束师生行为，鼓励教师在工作中尽职尽责，督促学生积极学习科学文化知识的同时也要不断提高自己的思想道德素养，坚持为人民服务和诚实守信原则，在激烈的社会竞争中超越自我，努力成为高素质人才，尽己所能奉献社会。可以这样讲，大学生网络思想政治教育为网络环境下高校德育工作的顺利开展提供了制度保障、人力资源保障、硬件设施保障、资金保障以及高新技术保障，同时还为社会主义现代化建设提供了思想道德保障，为社会生产提供了大量高素质的综合型人才，充分适应社会发展需要，推动我国综合国力的稳定提升。

在理论研究方面，大学生网络思想政治教育的创新理念极大程度上丰富了社会主义思想道德建设体系，拓宽了覆盖范围，并且随着网络技术的迅速发展以及校园网的日益普及，大学生网络思想政治教育机制的保障功能在校园文化建设乃至整个人类文明建设过程中发挥着越来越重要的作用。从我国国情以及高校的实际情况出发，加强社会公德教育、职业道德教育、家庭美德教育，通过创新不断完善大学生网络思想政治教育机制，把相关内容细节化、规范化，使之成为全体师生共同遵守的行为准则，形成动态更新具有普遍适应性的大学生网络思想政治教育模式，顺应教育改革的需要，真正从根本上解决网络给个人以及社会带来的问题。

（五）反馈功能

在网络的虚拟环境中，任何与现实世界有关的因素都可以被忽略，彻底打破了时间和空间的束缚，这一方面造成了诸如诚信缺失、过分依赖网络人际交往、网络犯罪等问题，但同时也在极大程度上提高了大学生网络思想政治教育的反馈信息收集度以及学生对高校德育内容的接受度。学生可以敞开心扉表达自己的观点，在网络世界中找到更多自信，并且随着网络操作方法越来越简便易行，更多大学生愿意通过网络传递信息。科学技术是第一生产力，高校必须大力引导学生努力学习科学文化知识，坚持社会主义信念，形成科学的世界观和方法论，弘扬唯物主义精神，不仅要善于通过搜索引擎获取信息，还要养成良好的思考习惯，通过科学的分析判断得出个性化富有建设意义的结论。教师要善于从学生群体中发现的各种现象中认清事物的本质，广泛争取各方意见，对网瘾严重的学生展开重点教育，避免他们无节制地上网，从而影响到正常的学习生活。

大学生网络思想政治教育机制涵盖了高校德育工作的方方面面，教学内容既涉及专业课程内容，又包括学生的日常生活管理。任何教师都需要与辅导员密切配合，随时跟进学生的网络使用情况，积极沟通。高校要大力倡导教师发扬爱岗敬业精神，加强师德师风建设，严格贯彻落实岗位责任制，重视大学生网络思想政治教育机制的反馈功能，充分利用校园网络收集信息，促进大学生全面发展。

（六）协调功能

大学生网络思想政治教育机制形成的前提是教育工作者必须意识到大学生网络思想政治教育是一个系统化的整体，它既要有硬件支持，还需要相关团队的密切配合，在国家法律法规的基础上使高校德育工作适应社会主义物质文明建设的发展速度。正确运用物质利益原则，将高尚的社会主义思想道德情操与良好的日常行为习惯有机结合，在协调各方关系过程中确立高校与社会生产力发展相适应的道德观念以及道德规范，崇尚科学、求真务实，使高校德育工作在人员、制度、设施各方面实现全方位发展。网络促进了教师与学生、上级与下级以及同事之间的有效沟通，用社会主义思想道德来维系高校健康向上的人际关系，保证在团队高度协作的状态下使大学生网络思想政治教育工作为我国改革开放和现代化建设提供强大的精神动力及智力支持。大学生网络思想政治教育机制不仅在系统内部对高校人员及其他教育资源起到很好的协调作用，还在系统外部令高校与社会各界保持着密切的联系，通过加强行业之间的合作实现信息资源共享，努力研发新技术维护网络安全，加强院校之间的座谈交流提高教师综合素养，并且积极与企事业单位合作，向学生提供社会实践机会。将网络的虚拟环境与现实世界有机融合，减少人员之间以及人员与资源之间的矛盾，保证大学生网络思想政治教学计划顺利执行。

第三章　思想政治教育的过程及其规律

第一节　人的思想品德形成与发展

一、人的思想品德形成发展过程的主要阶段

人的思想品德从萌芽到基本稳定，需要一个比较长的过程，在此过程中，人们大致都要经历婴儿期、幼儿期、学龄期、青少年期和成年期等几个主要阶段。在不同的阶段，人的思想品德的发展，有着不同的表现和特点，思想品德构成各要素也呈现出不同的发展程度和发展层次。

（一）婴儿期

婴儿期是儿童品德萌芽、产生的时期。这一时期，儿童既不能掌握抽象的品德原则，其品德行为也很不稳定。这个阶段的主要发展是开始逐步理解“好”“坏”两类简单的规范，并做出一些合乎成人要求的品德行为。

1.婴儿的思想品德认知及其行为表现

婴儿的道德观念和品德行为是在成人的要求和强化中出现的，婴儿会根据成人的不同反应来继续或停止其品德行为。在日常生活中，当婴儿的行为符合成人的要求时，成人会对其说“好”“乖”等词来表扬，达到正强化的效果。反之，当婴儿的行为不符合成人的要求时，成人会对其说“不好”“不乖”等词来批评并禁止，形成负强化

的效果。

通过成人的反应及其强化效果，婴儿习得什么样的道德观念和行为是正确的，什么是错误的，在以后相似或相同的情境中选择正确的行为，进而逐步形成正确的道德观念和良好的品德行为习惯。婴儿的道德判断也是以成人的行为为依据。成人认为好的行为他们也认为是好的，成人认为不好的，他们也认为是不好的，并把这种评价标准放在对他人行为的评价上。总体来说，婴儿的品德行为由于生理和心理发展水平的限制，都只是一些萌芽表现，而且这些行为也是极其不稳定的，容易受到情绪和周围环境的影响，并不总是服从于一定的道德标准。

2.婴儿的思想品德情感及情绪体验

在思想品德观念萌芽的基础上，婴儿也开始产生了初步的思想品德情感体验，比如责任感、互助感等。此时儿童情感反应的主要特点是情感反应有余，认知反应不足。之后随着自我意识的进一步发展以及成人的不断教育，婴儿对自己和他人的行为因符合道德准则而受到表扬时，便产生高兴、满足、自豪的情感体验；当自己或别人的行为不符合他所掌握的社会规范而受到批评或斥责时，他便会产生羞怯、难受、内疚和气愤等情感体验。

当然，婴儿的这些思想品德情绪的体验，也是非常肤浅的。因为他们的这些行为或是出于成人的要求、评价和强化，或是出于完全的模仿，而且他们之所以产生这样的情感体验，也是受成人相应的评价和情绪表现影响的。因此，婴儿的思想品德情感只能说是开始萌芽，各种思想品德行为只是刚刚产生，最初的一些品德习惯，也只在逐渐形成之中。

（二）幼儿期

幼儿品德发展具有两个特点：一是从他性品德占主导地位，幼儿认为品德原则与品德规范是绝对的，来自于外在的权威不能不服从；二是情境性，幼儿的品德认识、品德情感带有很大的具体性、表面性，并易受情境暗示。品德动机也非常具体、直接、外在，往往受当前具体（即情境）的制约，品德行为缺乏独立性和自觉性，因而也缺乏稳定性。

1.幼儿的思想品德认知

幼儿的思想品德认知主要是指幼儿对社会道德规范、行为准则、是非观念的认识，包括他们对道德观念的掌握和品德判断能力的发展。

国内外许多学者研究发现，幼儿对品德概念的掌握，主要具有以下特点。第一，具体形象性。幼儿总是根据某些具体直接的事物或情境来理解与掌握概念。第二，表面性。幼儿对品德概念的理解局限于表面水平，缺乏概括和深刻性。第三，片面性、笼统化和简单化。幼儿往往只涉及个别的具体行为或方面，而不能从多方面细致、全面地理解品德概念，缺乏分化性、复杂性和全面性。

关于幼儿的品德评价的发展，对他人的评价开始从婴儿期完全以成人的意志为转移的、对事物只能进行简单的判断，发展到能够依据一定的准则来进行独立的、比较深刻的评价。而幼儿对自我的评价能力还是很差，成人对他们的态度和评价对他们的自我评价，甚至于整个人格发展都产生重大的影响。

2.幼儿的思想品德情感

随着对各种行为规则的掌握，幼儿的思想品德情感进一步发展起来，从婴儿期的萌芽状态逐渐发展至认知反应阶段。开始，这种品德情感主要指向个别行为，而且往往直接由成人的评价产生。等到比较明显地掌握了一些概括化的品德标准，儿童的思想品德情感便开始与这些道德准则、认识相联系。此时，儿童不仅关心自己的行为是否符合品德标准，而且很关心他人的行为是否符合道德规范，并产生相应的情感。随着生活经验的增加、认知水平的提高，儿童的品德感进一步丰富、分化和复杂化，同时带有一定的深刻性和稳定性。

3.幼儿的思想品德行为

在良好教育的影响下，在与同伴、老师和父母的交往中，幼儿大多数表现出多种广泛的良好品德行为。但是，也不能过高估计幼儿品德行为的发展。首先，幼儿品德行为的动机具体、直接且外在，具有明显的情境性。其次，幼儿品德行为的自制力和坚持性还比较差。因此幼儿的品德意志还是比较薄弱的，特别是学前初期的儿童，对自己行为的调节力和控制力更差，他们的行为主要受周围情境的影响，常需要成人的监督、调节和强化。最后，由于上述品德行为动机和品德意志的特点，幼儿还未形成稳固的品德行为习惯。

（三）学龄期

1.品德认知的发展

小学儿童品德认知发展的趋势是：从带有较大的片面性逐渐向比较全面、客观的认识过渡；从只看现象逐步到能更加深入事物的本质的方向发展。一般来说，小学低、中年级儿童在进行品德认知时，考虑问题的维度比较单一，容易受一时一事的单一效果的影响，不善于全面地、综合地认识人和事，而且往往带有强烈的个人情绪。到了高年级，儿童才逐渐懂得从几个维度考虑问题，把个人的动机、效果与当时的具体情况联系起来，做出较为恰当的分析和评价。

2.品德情感的发展

小学儿童品德情感已逐渐发展至抽象同情心阶段。到10岁左右，儿童对他人的同情心已不仅仅局限于自己熟悉的人，而是由自己身边的熟悉人扩展到周围的陌生人，甚至是自己根本不认识、距离遥远的人。这表明他们的社会性情感已发展到了“抽象同情心”阶段。儿童对陌生人关心的现象，也可称之为“同情心的泛化”。当儿童出现“同情心的泛化”，不再局限于只关心自己认识的人时，即表明儿童的同情心已发展到了一个较高的水准。像爱国主义情感、国际主义情感等就属于这类比较高级的社会性情感。

3.品德意志的发展

儿童的思想品德意志是儿童自觉地克服困难，以实现预定品德目标的心理品质。具有品德意志的人能克服品德行动中遇到的种种障碍，坚决执行由品德动机引发的品德决定。儿童自入学后，就开始有意识地参加集体活动，并为争取成为一名符合集体要求的成员，逐步学会了有意识地调节和控制自己的行为。具体来说，小学儿童品德意志的发展存在如下规律：第一，品德控制力由他律向自控水平发展，且发展速度不均衡；第二，行动的坚持性由不稳定向稳定发展，但总体发展水平不高。

4.思想品德行为的发展

儿童的品德行为是指儿童在一定的品德意识支配下所表现出来的各种行为，是品德意识的外部表现形态，是实现思想品德认知、情感，以及由需要产生的动机的行为意向和外部表现，它通过实践和练习而形成，是一个人思想品德水平高低的重要标志。小学儿童品德行为发展的一般规律如下：第一，引发动机由具体、浅显向抽象发展；第二，由外部调节监督向内部自控发展；第三，由不巩固向行为习惯逐步养成发展。

总之，小学生的品德是从习俗水平向原则水平过渡，从依附性向自觉性过渡。从这个意义上说，小学阶段的品德是过渡性品德，这个时期品德发展比较平衡，冲突性和动荡性较少，显示出以协调性为主的基本特点。

（四）青少年期

青少年期主要处于中学阶段，思想品德迅速发展，处于伦理道德形成的时期。在初中生品德形成的过程中伦理道德已开始出现，这是青少年品德发展的关键期，并在很大程度上表现出两极分化的特点。高中生的伦理品德带有很大程度的成熟性，他们可以比较自觉地运用一定的品德观念、原则、信念来调节自己的行为。

少年期的品德具有动荡性，到了青年初期，才逐渐变为成熟。青少年期是人的思想品德从动荡迈向成熟的过渡阶段。

1.少年期思想品德发展的动荡性

从总体上看，少年期的品德虽具备了伦理道德的特征，但仍旧是不成熟、不稳定的，还有较大的动荡性。具体表现为以下几点：第一，品德动机逐渐理想化、信念化，但又有敏感性、易变性；第二，他们品德观念的原则性和概括性不断增强，但还带有一定程度具体经验的特点；第三，他们的品德情感表现得丰富、强烈，但又好冲动而不拘小节；第四，他们的品德意志虽已形成，但又很脆弱；第五，他们的品德行为有了一定的目的性，渴望独立自主地行动，但愿望与行动又有一定的距离。所以，这个时期，既是人生观开始形成的时期，又是容易发生两极分化的时期。品德不良、走歧路、违法犯罪多发生在这个时期。这个阶段的青少年品德发展可逆性大，充满了半幼稚、半成熟，独立性和依赖性并存的错综复杂而又充满矛盾动荡的特点。

2.青年初期品德趋向于成熟

青年初期，主要指初二到高中毕业时期，此时年满18岁，正好取得公民资格，享有公民的权利和履行公民的义务。青年初期品德发展进入了以自律为形式、遵守品德准则、运用信念来调节行为品德的成熟阶段。所以，青年初期是走向独立生活的时期。成熟的指标有两点：一是能较自觉地运用一定的品德观点、信念、原则来调节行为；二是人生观、价值观初步形成。然而，这个时期不是突然到来的。初中是中学阶段品德发展的关键期，继而在初中升入高中阶段，开始走向成熟化。应该指出，在初二之后，一些少年在许多品德特征上可能逐步趋向成熟；而在高中初期，却仍然明显地保持许多少年期“动荡性”的特征。

（五）成年期

对成人品德的研究，目前仍主要集中于成人前期。对成人前期道德观的研究，无论是在哲学、伦理学，还是在心理学中，都是极重要的领域。道德观可以看作是个人根据自己的品德需要，对个人行为和生活现象的品德方面所持的基本信念和态度的总和。

在青年期判断趋于初步成熟的基础上，成人前期品德判断已基本成熟，品德观更趋于稳定。由于成人前期的智力发展到“鼎盛”水平，所以品德判断也达到最高水平。与青少年相比，成人前期考虑问题更全面一些，能更多地从他人角度看问题，加上生活条件的变化，新角色的形成，都影响着他们品德推理的正确性。他们更能够自觉运用普遍认同的品德观点、品德原则和力量标准进行自律。他们对品德的社会认知能力和品德目标的认识都开始进入高水平阶段。

但是，成人前期的品德观仍存在不完善性，品德观的发展取决于社会的变迁，成人前期品德观尚有不成熟的成分。

综上所述，人的思想品德是随着人的成长成熟螺旋上升不断发展的过程。从婴儿期的思想品德萌芽到成年期的思想品德的相对稳定，这一过程是循序渐进的，思想品德的各要素总是在前一阶段的基础上，增加新的发展内容，从而上升到一个新的阶段，思想品德水平也随之逐渐提高。

二、人的思想品德形成与发展的规律

人的思想品德形成发展的规律揭示人们如何接受或排斥外部社会环境的影响，如何把一定社会的思想品德要求转化为个体自己的思想品德。根据对思想品德结构及人的思想品德形成过程的分析，人的思想品德形成与发展的规律可以概括为：在社会实践基础上的主客体因素相互平衡、相互协调的规律和主体内在的思想矛盾运动转化的规律。

（一）在社会实践基础上主客体因素相互平衡、相互协调的规律

客体因素对人的思想品德的形成具有决定性影响，而主体在接受外部社会环境影响形成思想品德的过程中也不是消极被动的。同一种影响对不同的个体往往会产生不同的效果，甚至会产生截然相反的效果。一个客体因素能否产生预期作用，关键不在于客体因素本身，而在于接受者本身的主体因素，在于主体因素与客体因素之间的平衡和协调。只有在主体因素和客体因素都与社会的思想品德要求相互一致的条件下，并且两者之间密切结合、实现最佳的协调平衡，才可能形成良好的思想品德。可以说，人的思想品德形成与发展的过程是主客体因素相互作用、相互协调的辩证统一过程。

而这一平衡协调是在社会实践基础上实现的。客体因素的影响只有通过社会实践与主体相联系，才能达到主客体的相互协调与平衡，使主体获得对思想品德的认识。而对思想品德认识经过转化，然后再回到社会实践中去，变为实际的思想品德行为，并坚持下去成为习惯。接着再在社会实践中通过社会评价和自我评价的反馈，开始新一轮的主客体因素之间的相互平衡、协调运动，获得一个更高水平的思想品德认识，转化为更高水平的思想品德行为，由此循环往复，螺旋式上升。由此可见，人的思想品德的形成与发展是在社会实践基础上主客体因素相互平衡、相互协调的结果。

（二）主体内在的思想矛盾运动转化的规律

事物内部的矛盾运动是事物得以发展的根本原因，人的思想品德的形成与发展固然离不开外部社会环境的影响，特别是有意识的教育影

响，但归根结底要通过思想品德主体内在的思想矛盾运动来实现，主体内在的思想矛盾运动主要包括两个方面：

一方面是在外部社会环境的影响下，在人的思想品德形成与发展的内在转化过程中，是主体内在的知、情、意、信、行诸要素之间，在发展方向和发展水平方面不断地由不平衡到平衡、由不适应到适应的矛盾运动。在人的思想品德的形成与发展过程中，各要素是相互联系、相互制约、相互渗透、相互促进的。但是，由于外部社会环境各方面因素的复杂性和主体内在心理因素的复杂性，有时知、情、意、信、行诸要素在发展方向和发展水平上并不平衡，这就构成了诸因素之间的矛盾。只有在有效的思想政治教育影响下，诸因素才能相互作用、辩证发展，逐步达到发展方向上的 致和发展水平上的平衡，完成由思想品德认识向行为的转化，形成良好的思想品德。

另一方面是当前主体对一定的社会要求的反映同原有的思想品德状态之间的矛盾斗争。主体在接受一定外部环境影响之前，已经在社会生活和交往中，接受了各种各样的外部影响，形成了一定的思想品德。这种已经形成的思想品德，可称之为“内部道德环境”，即原有的思想品德状态。一定的社会要求反映到主体的思想内部，与原有的“内部道德环境”之间展开矛盾斗争，就产生了新的“内部道德环境”，即新的思想品德状态，这个过程表现为“外部影响——主体通过活动和交往接受外部影响——思想矛盾斗争——形成内部道德环境”的循环往复运动。在这一循环往复的运动过程中，主体的思想矛盾斗争，即主体当前对一定的社会需求的反映，同原有的思想品德状态之间的矛盾斗争，成为思想品德形成与发展的动力。如果没有主体内部的思想矛盾斗争，外部环境就不能发生作用，也就不可能产生新的思想品德。由于主体内部的思想斗争具有不同的性质，人的思想品德形成与发展过程的性质也就不同，从而形成不同的、截然相反的思想品德。只有经过积极的内部思想矛盾斗争，才能形成良好的思想品德。

可见，人的思想品德的形成与发展是主体内在的思想矛盾运动转化的产物。

三、人的思想品德形成与发展的基本特征

从国外学者对人的思想品德形成与发展过程的研究以及关于人的思想品德在不同成长阶段所呈现的特征的分析，可以发现，人的思想品德的形成与发展，表现出阶段性、长期性、差异性三个明显的特征。

（一）阶段性

人的思想品德的形成和发展是一个长期积累和持续发展的过程，但同时也具有明显的阶段性。从我国思想品德教育对青少年儿童应该具备的品德的总体要求看，一般来说，小学阶段是形成和发展基础品德和日常行为习惯时期，初中阶段是形成和发展品德并开始确立理想的时期，高中阶段是形成世界观、人生观和政治立场的关键时期，大学阶段则是世界观、人生观和政治立场基本形成和成熟的时期。

虽然将思想品德的形成发展过程分成了若干阶段，但这些阶段并不是互相孤立的，而是一个联系密切的连续不断向更高水平和更高阶段发展的过程。不论是品德认识和情感，还是品德意志和行为，都是在前一阶段的基础上由浅入深，由具体到抽象，由片面到全面，由简单到复杂地向前发展着。总之，它们是一个由低到高的序列，有着自己发展的顺序、过程与规律性。

（二）长期性

人们对事物的认识，一般来说要经过在实践的基础上从感性认识到理性认识，再从理性认识到实践的循环。而要对事物进行正确的认识，一次循环几乎是不能达到的，往往需要多次反复才能完成。在多次反复的过程中，人们对事物的认识才能由近及远，由浅入深，由偏到全，由现象到本质。对自然的认识如此，对社会的认识更是如此。

如果说人们对自然的认识，可以通过学校教育基本实现的话，那么认识社会、认识人生，掌握社会、人生和品德方面的知识，形成自己的思想观点、品德观念，则要复杂得多。它不但与学校教育有关，而且与人们自身的主观能动性密切相关，同时还和自身实际的道德体验、阅历和经验等诸多因素有关。

和思想品德情感相比，提高思想品德认识，相对还是比较容易的，但要培养高级的思想品德情感，则要困难得多，改变也更不容易。而良好的品德行为习惯，更非是一朝一夕就能养成的。它的形成大致分四个阶段：第一步是按照教育者的指令或要求行动；第二步是需要有教育者或学生集体的提醒，才能按照一定的行为方式行动；第三步是在变化了的环境和条件下，尚需提醒，才能按一定的行为模式行动；第四步是在任何条件下，都能自觉地按照一定的行为模式行动。因此，习惯的形成是一个长期培养的过程，而要改变一种已经形成的坏习惯，则会更加困难。

在思想品德的形成和发展过程中，人会受到各种外部因素的影响，除了传统的家庭、学校教育的影响，当代各种传播媒介也迅猛发展，对人的思想、观念、生活方式等方面也产生了广泛而深远的影响。而这些影响并不常常一致，甚至可以说在常态下往往是不一致的。因此，在思想品德形成和发展的过程中难免出现波折和反复，这些波折和反复，常常导致人们思想品德形成和发展的长期性。

（三）差异性

人的思想品德形成发展不可能是整齐划一的，必然存在着差异性。人的思想品德的形成和发展，都会受到自身遗传素质、主观能动性，家庭、同伴团体、学校、社会等诸多因素的影响，不同的成长环境、不同的教育方式等都会造成个体在性格、能力、兴趣爱好等方面的差异性。同一因素对不同的人，会产生不同程度的影响，而不同的因素对同一个人，也会产生不同方面的影响，从而决定了不同的人会形成不同的思想品德或不同的发展水平。因此，在培养人的思想品德的过程中，鼓励帮助个体积极发挥主观能动性的同时，也必须得承认不同个体在成长过程中所表现出来的才能和品德的差异。在教育活动中，教育者要根据这种差异给以区别对待，只有这样才能使每个人按不同的条件向社会主义和共产主义的总目标前进。

第二节 思想政治教育过程

思想政治教育过程是教育者根据一定的社会的思想政治品德要求和受教育者的思想政治品德形成与发展的规律，对受教育者施加有目的、有计划、有组织的教育影响，促使受教育者产生内在的思想矛盾运动，以形成一定的社会所期望的思想政治品德的过程。

一、思想政治教育过程概述

（一）思想政治教育过程的基本要素

思想政治教育过程是一个由教育者（教育主体）、受教育者（教育客体）、教育介体和教育环体四个基本要素相互联系、相互作用构成的有机系统。

1.教育者

教育者，即教育主体，是指按照一定的社会要求，有目的、有计划、有组织地对受教育者施加影响的人。具体而言，教育者是一定的社会所要求的思想政治品德规范的传授者、思想政治品德行为的培养者和思想政治教育目的的实现者，也是整个思想政治教育过程的组织者和引导者。教育者是构成思想政治教育过程的一个基本要素，他在思想政治教育过程中处于主导地位。这是因为，第一，只有教育者，才能准确把握思想政治教育过程的矛盾，并推动矛盾运动；第二，只有教育者，才能主动排除教育环体的消极影响，协调、配合教育环体对受教育者施加积极影响；第三，只有教育者，才能有效地借助教育个体把社会要求的思想政治品德规范内化为受教育者的思想政治品德认识，促进受教育者进行从旧质的认知转化为新质的认知的矛盾运动；第四，只有教育者，才能了解受教育者思想政治品德行为发展变化的情况，并通过主体评价推动受教育者进行自我评价，促进受教育者进行从旧质的认知转化为新质的认和的矛盾运动。

2.受教育者

受教育者，即教育客体，是指在思想政治教育过程中，教育者进行教育和教育环体施加影响的对象。受教育者是教育者和教育环体活动的依托者，也是教育效果的体现者。受教育者是构成思想政治教育过程的一个基本要素，离开了受教育者，思想政治教育过程也不可能存在。在思想政治教育过程中，受教育者既是教育者和教育环体活动的客体，又是自我教育过程的主体，即思想政治品德认识、情感、信念、意志和行为活动的主体，具有主观能动作用，不仅完成从知到行的转化，而且反作用于教育者和教育环体。

3.教育介体

教育介体，即教育内容和教育方法，是指教育者用来影响受教育者的社会所要求的思想政治品德规范，以及把这些思想政治品德规范传授给受教育者的各种活动方式和手段。教育介体是联结教育者与受教育者的纽带和桥梁，因而也是构成思想政治教育过程的一个基本要素。教育内容是思想政治教育活动的客观依据，教育方法是思想政治教育效果的物质保证。

4.教育环体

教育环体，即教育环境，是指对人的思想政治形成与发展过程和思想政治教育过程产生影响的一切自然条件和社会条件的总和。受教育者的思想政治品德形成与发展的外部制约过程是在环境的影响和制约下进行的。自然条件是人们生存和发展的物质基础，它对受教育者的思想政治品德的形成与发展有一定的影响，但不起决定作用。社会条件是人们所处的各种关系的总和，它对受教育者的思想政治品德的形成与发展起着决定的作用。思想政治教育过程是在一定的环境中进行的，并受环境的影响和制约。教育环体对受教育者的自发影响与教育者对受教育者的自觉影响同时并存于思想政治教育过程之中，无时不有、无处不在地影响着思想政治教育过程及其诸要素。在思想政治教育过程中，教育环体不仅同时作用于教育者和受教育者，而且还作用于教育介体，决定着教育内容和教育方法的抉择方向。因此，教育环体也是构成思想政治教育的一个基本要素。

（二）思想政治教育过程的特点

思想政治教育过程作为一个有别于其他教育过程的相对独立的运动过程，具有其自身的特点。思想政治教育过程的特点是由人的思想品德形成与发展过程的特点决定的。思想政治教育过程具有以下几个显著特点。

1.实践性

思想政治教育过程本身就是一种社会实践活动，因而具有很强的实践性。实践是思想政治教育的基本途径，也是人的思想品德形成与发展的基础。只有在动态的、开放的、丰富的社会实践活动中，思想政治教育过程才能完成。

2.社会性

思想政治教育过程总是在一定社会历史条件下和社会环境中进行的，受一定社会历史条件和社会环境制约。社会环境中的各种因素都会对受教育者的思想品德的形成与发展产生影响。这种影响具有很大的随机性。这就要求思想政治教育过程必须实现自身的社会化，主动面向社会。

3.长期性与反复性

思想政治教育过程是一个长期的、反复的过程。这是由人的思想品德形成与发展过程的长期性和反复性决定的。受教育者的思想品德的形成要经历一个长期的过程，不可能期望一经教育，受教育者就发生思想品德的飞跃。同时，受教育者的思想品德状况同一定的社会思想品德要求之间的矛盾是一个不断产生、不断解决的循环往复过程。受教育者复杂多变的思想品德状况，要求教育者适应这些复杂的变化，不断地、反复地组织不同内容和形式的思想政治教育，反复地对受教育者进行灌输、诱导、说服，才能收到预期的教育效果。这也决定了思想政治教育过程必然是一个长期的、反复的过程。

4.同时性与多端性

人的思想品德形成与发展的过程是以认识为开端，沿着认识、情感、信念、意志、行为的一般顺序发展的。但在实际的思想政治教育过程中，这诸种因素是同时起作用的，这就是思想政治教育过程的同时性。教育者对受教育者施加教育影响，不能拘泥于知、情、信、意、行的固定顺序，机械地在每次教育循环中以知为始，以行为终。这就是说，思想政治教育过程可以有多种开端，具有多端性的特点。

（三）思想政治教育过程的环节

1.思想政治教育过程的基本阶段

思想政治教育的完整过程并非教育者、受教育者、教育介体和教育环体四个基本因素的简单相加，只有通过教育者和受教育者的双边活动使各要素之间发生一定的联系和作用才能实现。因此，思想政治教育过程是教育者施加教育影响和受教育者接受教育影响的双向活动过程。完整的思想政治教育过程，包括三个基本阶段。

（1）内化阶段

教育者把一定社会要求的思想政治品德规范传授给受教育者，受教育者则在各种因素的作用下，以自己已有的认识水平为基础，自觉地选择、消化、吸收这些思想政治品德要求，从而转化为自己的思想政治品德的过程。在此阶段，存在着教育者所表达的一定社会的思想政治品德要求和受教育者原有的思想政治品德认识水平的矛盾及其运动。正是这一矛盾及其运动，构成了思想政治教育过程的第一阶段。

（2）外化阶段

在教育者的帮助和促进下，受教育者把自身在内化阶段已经形成的思想政治品德认识自觉地转化为自身的思想政治品德行为，并养成相应的思想政治品德行为习惯的过程。在此阶段，存在着受教育者内在的思想政治品德认识和思想政治品德行为的矛盾及其运动。正是这一矛盾及其运动，推动着个体的思想政治品德认识转化为个体的思想政治品德行为，从而构成了思想政治教育过程的第二阶段。

（3）重新教育阶段

教育者和受教育者互相联系，把个体的思想政治品德行为所产生的社会效果进行反馈检验，进一步调节教育者和受教育者实施新一轮"两个转化"的行为，以便形成更好的思想政治品德行为和习惯的过程。在此阶段，存在着一定社会的思想政治品德要求同思想政治教育过程的社会效果之间的矛盾及其运动。正是这一矛盾及其运动，构成了思想政治教育过程的第三阶段，这一阶段实质上是新一轮思想政治教育过程的开端。

2.思想政治教育过程的基本环节

思想政治教育过程的基本环节是教育者为了对受教育者施加教育影响，促使受教育者形成一定的社会所期望的思想政治品德的一般操作程序。它存在于思想政治教育过程各基本要素的结合部，存在于思想政治教育过程基本矛盾运动的焦点处，突出地反映了教育者、受教育者、教育介体和教育环体之间的相互联系和相互作用，推动着思想政治教育过程各阶段的展开和思想政治教育过程中各种矛盾运动的发展。思想政治教育过程包括确定目标、促成转化和反馈控制三个基本环节。这三个基本环节前后相继、相互渗透，构成了思想政治教育的全过程。

（1）确定目标

确定思想政治教育目标是思想政治教育过程的起点。思想政治教育目标是教育者实施教育活动的指针，是调节、控制和评估思想政治教育过程的依据，也是受教育者的努力方向。要科学确定思想政治教育目标，必须做到主观与客观相符合。也就是说，思想政治教育目标必须建立在对思想政治教育过程的基本矛盾及其运动趋势的正确反映基础之上。这就要求教育者进行深入的调查研究，全面掌握社会对受教育者的思想政治品德要求和受教育者目前思想政治品德状况，在此基础上，进行科学的分析和综合，弄清两者之间矛盾产生的根源和运动的趋势。思想政治教育计划是思想政治教育目标的具体化，是完成思想政治教育目标的具体实施方案。制订思想政治教育计划，通常包括确定思想政治教育内容、选择思想政治教育方法和安排思想政治教育过程的程序等。制订思想政治教育计划要注意针对性、预见性和弹性。

（2）促成转化

这是思想政治教育过程的中心环节。这实质上是受教育者的思想政治品德认识向思想政治品德行为的转化环节。受教育者的思想政治品德认识向思想政治品德行为的转化是一个复杂的过程，需要经过许多中间环节。只有促进受教育者的知、情、信、意、行五个思想政治品德心理要素的平衡、协调发展，才能实现这一转化。这就要求教育者对受教育者要“晓之以理”“动之以情”“笃之以信”“炼之以志”

和“导之以行”。

（3）反馈控制

这是指信息反馈与评估控制。它是思想政治教育过程的最后一个环节。信息反馈是指受教育者在先前接受教育者的自觉影响后，或在受到教育环体的自发影响后，把获得的认知转化为行为，反过来感知于教育者，使教育者了解受教育者接受教育的效果，或受教育环体影响的情况。在思想政治教育过程中，受教育者总是会以各种方式对教育者施加的教育影响做出一定的信息反馈。评估控制是教育者依据一定的标准对思想政治教育过程的实际效果进行质的评判和量的估价，在此基础上，针对受教育者偏离教育目标的状况，对其予以“端正”，最终使其思想政治品德符合预定的目标。评估控制实质上是为了纠正思想政治教育过程的实际效果与教育目标的偏差，它是思想政治教育过程的一个不可或缺的基本环节。它不仅标志着一个具体的思想政治教育过程的结束，而且为新的思想政治教育过程的开始奠定了基础，提供了条件，并构成了新的思想政治教育过程的起点。

二、思想政治教育过程机制

（一）思想政治教育过程机制的概念

思想政治教育过程机制概念包含以下几方面：

第一，它是思想政治教育矛盾转化过程中的机制。思想政治教育过程机制是为确保思想政治教育目标的实现和有效掌控思想政治教育矛盾的转化，而构成的一个相对独立，具有不可替代功能的系统，各种要素的配置、相互联系及运转情况将会对思想政治教育矛盾转化的效果产生直接的影响。

第二，它是思想政治教育各个要素和联系方式的集合。思想政治教育过程机制作为一种有规律的运行模式，无法表现为一种具体的结构形式及其作用过程，而是诸要素综合作用而构成的一种关系结构，即思想政治教育过程机制是由若干部分共同参与的，是各个要素的集合体。这些要素具有不同层次，本身都是一个个相对独立的个体，具有自身特定的、不可替代的功能，为确保思想政治教育过程机制的性质，为实现思想政治教育的目标而合理有效地结合在一起。同时，思想政治教育过程机制不仅包括思想政治教育过程中处于不同层次的要素，而且包括思想政治教育每一个具体层面上各要素的系统结合方式，各要素之间的相互联系、相互作用所产生的功能及对整个运行过程的影响。

第三，思想政治教育过程机制的运行离不开“某些机理”的作用，即思想政治教育过程机制的整体框架和构成要素是在“某些机理”的作用下产生趋向目标的联结和运行。这里所说的某些机理是指某种联系方式或构成要素的某些部分的联系方式，是推动思想政治教育结构趋向矛盾转化的过程中起决定性作用的那一部分深层次运作原理。

第四，它是趋向教育目标的有效性因果联系。结构与功能密切相关，同样的构成要素如果有着不同的结构，就会具备不同的功能。同样，一定的要素可以因为其特定的结构而形成一种特定的机制，而同样的要素因为其不同的结构而形成另一种特定的机制。在思想政治教育过程机制实现的过程中，各个要素以某种方式结合在一起，体现出某些机理，这种结合不是偶然性的、随意的，而是具有明确的目标指向性，在一定目标的刺激下与目标实现有因果推动关系的要素的集合方式，必然直接引起对象思想、品德、心理、行为等发生变化。

（二）思想政治教育过程机制的特征

1.目的性

目标是一个运动的系统所要达到的理想的最佳状态，思想政治教育过程机制作为一个不断运动着的系统，有着自己特有的目标，处处渗透着明确的教育目的，并努力协调各构成要素沿着目标运转，推动构成要素实现合目的性的整合与联系，并推动过程结果趋向目标的实现。思想政治教育过程机制始终围绕目标运转，它的出发点是目标实现的方向和要求；它的运行，重视的是目标的实效性与针对性；它的归宿，考察的是目标能否实现和实现程度。思想政治教育过程机制的目标要首先确立符合思想政治教育性质的能够确保其实现的综合性的整体目标。之后，这些综合性整体目标将被分解成具体的策略性的目标。也就是说，思想政治教育过程机制是从确立运行过程的总目标和分目标开始的。思想政治教育的具体目标是由总目标分解而成的，统一于总目标之中。思想政治教育过程机制始终是围绕目的建立和完善的。

2.实效性

在对思想政治教育过程机制的分析中，我们还可以发现构成思想政治教育活动的多种要素对思想政治教育运行结果的有效性所客观具有的制约、影响作用。思想政治教育过程机制的运行也是对要素结合方式的选择和运用过程，这种选择是以目标的实现为前提和条件的，只有那些能够直接引起对象思想、品德、心理、行为等发生变化，与目标实现有因果效应关系的要素和结合方式才能构成思想政治教育过程机制。机制系统成功与否、价值大小是由目标的实现程度来标志和检验的，因而，实效性就成为思想政治教育过程机制的内在要求和显著特征。

3.动态性

思想政治教育过程机制的结构不是一个坚实的结晶体，而是处于不断的变化和调整之中的。思想政治教育过程机制作为一种引导、控制、推动受教育者思想政治教育进步的系统结构，不是表现为一个孤立的、封闭的体系，而是表现为一个不断与外界环境进行互动的社会活动系统。思想政治教育过程机制是一个动态的体系，是思想政治教育从其活动的发端、延续到完成的变动过程。这种变动源于思想政治教育过程机制局部目标的变化，源于思想政治教育过程机制周围环境的变化所引起的机制内部主体要求的变化。思想政治教育过程机制所具有的自我调整、自我发展功能，也是机制自身固有的发展变化，是思想政治教育过程机制能够生存和不断完善不可缺少的动力。

4.规律性

思想政治教育是一项科学性、合目的性的实践过程，其运行必然具有内在的不以人的意志为转移的规律性和必然性。思想政治教育过程机制是思想政治教育的客观的实际的反映，因此其运行过程也必然带有规律性的特征。研究思想政治教育过程机制，实现对思想政治教育过程的优化控制，只能认识和利用机制的必然性和规律性，而不能违背或任意更改机制的内在规律性。

5.系统性

所谓系统性，是指思想政治教育过程机制是一个有机整体，其系统及其运行都与思想政治教育内外部各要素和各子机制有着十分密切的关系。一方面，思想政治教育过程机制是以某种方式联系在一起的相关要素的耦合，它们的结构、功能和状态虽然各异，但彼此联系、协同和制约，共同构成了机制系统的综合功能。如果某一个子机制系统失衡、失调或失效，就可能对整个机制系统造成这样或那样的影响。另一方面，思想政治教育过程机制无论对于内部各构成要素的配置，还是对于与外部有关要素的联系，都具有整合的功能。它所具有的系统性不仅在于能够协调各组成部分之间的联系性、依存性，使之相互关联、相互促进，形成共同的着力点和指向目标的力量。同时，更重要的是它包含和整合了所有要素的活动和作用，形成合力，为同一目标而努力，产生整体大于部分的综合效应。

6.自组织性

思想政治教育过程机制是通过构成要素的“某些部分”各司其

职、以“某种方式”相联系而形成的综合系统，在固有的“某些机理”的作用下，它必然具有自我调整和自我完善的自组织功能。只要启动这种机制，它就会产生指向思想政治教育工作目标的动力倾向和内趋力，并且进行自组织和整合，排斥不和谐因素与力量，趋向实现思想政治教育的工作目标。思想政治教育过程机制的这种自组织功能一方面产生于系统本身，这是任何系统都具有的自我保护功能，凡系统都具有自组织性，其表现为自我保持、自我稳定和自我调节，是其发挥功能的内趋力量；另一方面依赖于系统结构的重要构成要素——运行主体。运行主体的能动性和自调性是机制自组织性的又一来源。

（三）思想政治教育过程机制的功能

思想政治教育过程机制与传统的思想政治教育方式相比，涉及范围更广，作用更深远，是一种多层次、多维度、综合性的教育系统结构，符合受教育者的思想道德和心理素质形成和发展的规律。与以往的思想政治教育方式方法相比，思想政治教育过程机制具有更加特殊的功能。从总体上看，主要表现为四大基本功能。

1.引导功能

思想政治教育过程机制不是无目的的系统，它处处渗透着明确的教育目的，对思想政治教育的培养目标和对象发挥着导向作用。建立和完善思想政治教育过程机制正是驱动和引发各个组成要素趋向目标进行联结和相互作用，从而改变教育主体、教育环境、动力等要素在时间和空间上的分布，对思想政治教育活动的方向、强度、规模、质量进行约束，使思想政治教育过程的基本矛盾被有效地纳入到统一轨道上来，保证思想政治教育各要素形成合理的结构和秩序，并朝着一定的目标有序地前进。

思想政治教育过程机制的引导功能主要是通过两种途径表现出来

的：一是借助于结构安排，规范行为方式。思想政治教育过程机制的结构从表面上看来似乎是任意结合的，但实际上并非如此，但凡结构都有明确目标。思想政治教育过程机制的结构就是从一定的教育目标出发，确立结合模式，使原来相互对立、冲突的要素纳入既定的目标体系，规范和约束思想政治教育的思想行为朝向预定的方向。二是借助于机制的运行。思想政治教育过程机制的运行是通过一系列子机制的运行来实现的，各个子机制都包含一定目标系统、价值系统和规范系统，通过目标、价值和规范方面的引导，使人们改变观念，规范行为。实际上，思想政治教育机制的运行过程也是引导过程，通过引导人们的行为方式和价值观念，将教育客体导向预定的教育目标。

2.调节功能

思想政治教育过程机制作为一种有规律的运动模式，它的运行不是表现为一个自发的、随意的、无序的过程，而是一个依据客观规律、有目的、有秩序的过程。只有有意识地协调内外部要素的关系，协调运行的状态，使矛盾得以缓解、调和、消除，才能在多项指标上取得效果，发挥最佳的功效。因此，对于思想政治教育过程机制来说，协调不仅是必要的，而且是可能的，并且是其发挥功能的基础和应然之意。

思想政治教育过程机制的调节功能有多种表现形式，有全面调节、局部调节、渐进调节、激进调节、横向调节、纵向调节，等等。一般来说，调节主要针对思想政治教育过程中出现的矛盾和冲突。在思想政治教育过程中，无论是个人还是群体，都有不同的利益要求和价值取向，他们之间不可避免地会有矛盾、冲突甚至对抗。这些矛盾和冲突是无处不在的，因而思想政治教育过程经常表现为一系列的矛盾冲突和动荡的过程，影响着思想政治教育过程的方向、规模和效果。思想政治教育过程机制的建立和完善，通过对目标、要素、结构、运行阶段进行调节，使得矛盾冲突得到协调和解决，并且通过调节来维系思想政治教育过程机制的常态运行，确保思想政治教育过程机制的性质，发挥其最优职能。所以说，思想政治教育过程机制能够通过缓解或解决矛盾冲突而起到调节的作用。

3.控制功能

思想政治教育过程机制的运行是一个复杂的有机过程，尽管这一过程从一开始就确定了运行方向和目标，但在具体的运行过程中，还可能遇到很多影响或危害其正常运行的不确定因素，如目标的严重偏离，环境的恶化，动力的不足或过大，教育主体自身的困扰，等等。这些干扰因素处理不当，就可能使思想政治教育活动偏离、中断甚至收到相反效果。这时居于主导的教育者就需要利用各种手段来控制和影响运行过程，以确保其思想政治教育目标的实现。从这个意义上说，思想政治教育过程机制的控制功能，正体现了这一要求。只有发挥思想政治教育过程机制的控制功能，不断平衡或校正运行与目标的偏差，才能保证思想政治教育活动在复杂多变的环境中按预期的目标持续运行。

4.维系功能

思想政治教育过程机制的这种维系系统的功能表现为以下几个方面：首先是系统规范。即思想政治教育过程机制对组成要素的运动方向、运动方式以及运动行为进行约束和整合，使机制的任何运动和变化都不能游离于系统之外。其次是关联互动。机制内一个要素发生变化并且发展到一定程度，就会引起其他的运动和变化，机制的整体功能也会发生变化。最后是自行调适。系统对机制内的要素变化和运动进行自调，一方面推动机制有利于目标的变化和运动，一方面又保持机制运行的相对稳定。如果机制引起的变化是不受约束和限制的，那么，思想政治教育过程机制也就失去了利用的价值。

第三节　思想政治教育过程的矛盾与规律

一、思想政治教育过程的具体矛盾

（一）教育者与受教育者之间的矛盾

教育者与受教育者之间的矛盾就是指在思想政治教育过程中教育者与受教育者之间相互作用、相互影响、相互依存的关系。教育者与受教育者是思想政治教育过程中两个最基本的要素，教育者与受教育者矛盾产生的根源在于思想政治教育基本矛盾，即社会要求的思想政治品德与受教育者现有的思想政治品德状况之间的矛盾是实质性层面的矛盾，由此而导致教育者与受教育者这一现象层面的矛盾。

教育者与受教育者之间矛盾产生的原因如下所述：

首先，教育者和受教育者在思想政治教育过程中的地位不同。思想政治教育者是思想政治教育过程的组织者和实施者，思想政治教育目标的设定、教育内容、教育方法、教育载体的选择、对环境的认识和利用、对受教育者现有思想政治品德及心理状况的把握，等等，都是由教育者来承担的。毫无疑问，教育者在教育过程中是处于主动地位，起主导作用的，其居于矛盾的主要方面。教育者的素质必然影响着教育的效果、教育质量和教育水平的程度。相对教育者而言，受教育者由于其现有的思想政治品德状况与社会要求有一定的差距，因而，受教育者是思想政治教育过程的接受者，是思想政治教育者认识、塑造和培养的对象，在思想政治教育过程中处于受动的地位，是矛盾的次要方面。但是，受教育者作为接受教育、转变思想和行为的主体，其具有主观能动性。

其次，教育者与受教育者双方在实践经历、知识修养、能力等方面也存在差异。这些差异就有可能表现在教育活动过程中双方的思想观念、思维方式、教育需求等方面的不一致，导致双方在沟通上存在一定的困难和产生不同程度障碍，由此可能导致双方关系的不协调等矛盾。

（二）教育者与教育内容、方法、载体的矛盾

由于思想政治教育内容、教育方法、教育载体是属于思想政治教育过程中教育者与受教育者相互作用的桥梁和中介，这些中介与教育者、受教育者之间产生矛盾的原因有相似之处，但是它们之间矛盾的表现形式却有所不同。因此，要将这些中介归在一起，以便更加简洁明了地进行探讨教育者、受教育者与它们之间的矛盾关系。

教育者与教育内容、方法、载体产生矛盾的原因如下所述：

思想政治教育过程的内容、方法、载体是思想政治教育者作用于受教育者不可缺少的中介条件。因为，教育者在思想政治教育过程中开展的教育活动并非随心所欲，而是根据思想政治教育的目标和任务，选择与之相适应的教育内容、教育方法、教育载体等，进而对受教育者施加思想政治品德的影响。思想政治教育目标的确立是依据社会发展对人才培养的要求，由于社会发展对个体的培养随时代的变化不断提出新的要求和新的任务，因此教育者必须及时选择与教育目标相适应的教育内容、教育方法、教育载体。一般情况下，教育者对社会提出的思想政治品德要求能够正确理解、把握和践行，但是由于教育者个体的差异，如自身经验、理论水平、思想觉悟、认识能力、思维方式等原因，教育者有时并不能全面完整地把握社会要求，会出现片面理解甚至曲解社会要求的情况。从而影响了教育者对教育内容、教育方法、教育载体的选择、改进与创新。

思想政治教育内容、教育方法、教育载体归根到底是为社会的总任

务和总目标服务的，它通过教育者的言传身教影响着受教育者，教育者要不断提高自身理论素养和业务水平，以便适应不断更新的思想政治教育内容、方法、载体，才能在教育过程中充分发挥自身的主导作用。特别是在当今的科学技术及信息突飞猛进的时代里，对人才培养相应地提出了更高的要求，随之也赋予了思想政治教育新内容、新方法，新的教育载体也不断涌现。这些新内容、新方法、新载体的出现也给教育者带来了新的挑战，对教育者的思想、学识、能力亦提出了更高的要求，使得教育者对于这些新的教育内容、教育方法、教育载体的领会和掌握可能出现相对滞后的现象，导致了适应与不适应的矛盾的产生。

（三）受教育者与教育内容、方法、载体的矛盾

一般情况下，受教育者与教育内容、教育方法、教育载体之间具有内在的同一性。其同一性表现为：一方面，受教育者与这几个要素相互作用、相互依存。思想政治教育过程的本质是形成和发展受教育者的思想政治品德，因此，所有实施的教育内容、采用的教育方法及载体，都是围绕着实现这一本质的任务服务的。另一方面，在教育者的引导下，受教育者配合教育者在恰当的教育方法、教育载体的协同下，通过“认知——同化——顺应”的轨迹将思想政治教育内容纳入自己的思想政治品德认知结构之中，并外化为思想政治品德行为，实现矛盾的转化。但是，受教育者与教育内容、教育方法、教育载体之间仍存在着不适应的方面。

受教育者与教育内容、方法、载体产生矛盾的原因如下所述：

首先，受教育者是思想政治教育活动接受的主体，这是由于受教育者现有思想政治品德状况与社会要求有一定的差距，因此，其需要接受来自教育者的教育影响，而教育者对受教育者施加的教育影响就必定通过一定的教育内容、教育方法、教育载体作为中介，在实施教

育的过程中就会间接地导致受教育者与教育内容、教育方法、教育载体之间的矛盾。究其原因在于：第一，受教育者思想政治品德的不稳定性与思想政治教育内容、教育方法、教育载体相对稳定性之间的矛盾。人的思想政治品德的形成具有复杂性、反复性，因而具有不稳定性，而思想政治教育内容、教育方法和教育载体是随着社会的发展而发展，其具有相对的稳定性。第二，受教育者能力素质与思想政治教育内容、教育方法、教育载体之间有一定的差距，在教育过程中所采用的方法和载体也会与受教育者接受能力产生矛盾。所以，受教育者的类型、才能的多样性以及教育者掌握的思想信息的局限性和教育内容安排的不科学、教育方法选取的不恰当，就会产生受教育者与教育内容、教育方法的不一致或不适应。

其次，尽管教育者在思想政治教育过程中根据教育目标所选择的教育内容、教育方法、教育载体等必须符合受教育者心理需求，适合受教育者的思想政治品德发展水平，才能达到理想的教育效果。但是，由于受教育者的思想政治品德类型、层次的多样性，教育者掌握受教育者思想政治品德状况的有限性及自身素质的有限性，就有可能导致在教育内容安排上不够科学，教育方法使用不当，教育载体选用不当等，导致受教育者与教育内容、教育方法、教育载体不相适应。

二、思想政治教育过程的规律

思想政治教育的具体规律是思想政治教育过程中诸要素之间的本质联系及其具体矛盾运动的必然趋势。由于思想政治教育过程存在许多具体矛盾，因此，它也存在许多具体规律，其中具有全局意义的有双向互动规律、内化外化规律和协调控制规律。

（一）双向互动规律

双向互动规律是指教育者的主导作用与受教育者的主体作用辩证统

一的规律。思想政治教育过程是教育者和受教育者之间相互影响、相互作用的双向活动过程。一方面，教育者在思想政治教育过程中发挥着主导作用，教育者是一定社会的思想政治品德要求的表达者，是思想政治教育过程的组织者，也是受教育者自我教育积极性的激发者；另一方面，受教育者在思想政治教育过程中又发挥着主体作用。受教育者是能动地认识并影响教育者及其教育影响的主体，又是自我教育的主体。在思想政治教育过程中，教育者的主导作用和受教育的主体作用是辩证统一的。一方面，教育者的主导作用的实现，离不开受教育者的主体作用的发挥。没有受教育者的主体作用的发挥，教育者所传授的教育内容就不可能为受教育者所认识和接受，也就不可能实现预期的教育目标。另一方面，受教育者的主体作用的体现，也离不开教育者主导作用的发挥，离开了教育者对受教育者的思想政治品德的激发和引导，受教育者的主体作用就不可能得到充分地体现，也就不可能形成自觉的思想政治教育过程。因此，在思想政治教育过程中，教育者和受教育者是双向互动的，教育者的主导作用和受教育者的主体作用是相辅相成、相得益彰的。

既然思想政治教育过程是教育者的主导作用与受教育者的主体作用辩证统一的过程，那么，要增强思想政治教育的实效性，教育者在实践中就必须遵循双向互动规律，将它贯穿于思想政治教育的全过程，实现教育者的主导作用和受教育者的主体作用的辩证统一。在内化阶段，在强调发挥教育者的主导作用的同时，必须重视发挥受教育者的主体作用，最大限度地调动受教育者的主动性和积极性，使受教育者主动接受、适应教育者提出的思想政治品德要求，自觉追求更高层次的思想政治品德目标，从而形成正确的思想政治品德认识。在外化阶段，一方面，教育者要注意发挥自己的主导作用，采取积极行动对受教育者施加外部控制教育，加深其认识，激励其情感，增强其信念，锻炼其意志，训练其行为，促使受教育者形成与思想政治品德认识相平衡、相适应的思想政治品德行为习惯；另一方面，教育者要注意激发受教育者的主体作用，引导受教育者对自己的思想政治品德认识进行自我分析、自我评价，对自己的思想政治品德行为进行自我训练、自我调节，自觉地进行自我教育，实现由知到行的转化。在重新教育阶段，一方面，教育者是思想政治教育过程中社会效果信息反馈的收集者和处理者，又是重新调整教育活动，进行新一轮思想政治教育过程的发出者，因而应当发挥自己的主导作用；另一方面，受教育者是思想政治教育过程社会效果的发出者，其主观状态直接影响教育者对思想政治教育过程社会效果的掌握和新一轮思想政治教育过程的进程，因而应当发挥自己的主体作用。

（二）内化外化规律

内化外化规律是指内化与外化辩证统一的规律。从思想政治教育过程的阶段来看，它实际上是教育者有目的、有计划、有组织地帮助和引导受教育者实现内化和外化，使受教育者形成一定社会所期望的思想政治品德的过程。受教育者思想政治品德的内化和外化过程是一个极其复杂的内在思想矛盾运动的过程。内化就是教育者帮助和引导受教育者将一定社会的思想政治品德要求转化为自己的思想政治品德认识的过程。外化就是教育者帮助和引导受教育者将自己已经形成的思想政治品德认识转化为自己的思想政治品德行为，并养成良好的思想政治品德行为习惯的过程。

在思想政治教育过程中，内化和外化是辩证统一的。一方面，它们是相互联系的。内化是外化的前提和基础，没有内化，也就没有外化。外化是内化的目的和归宿，没有外化，内化也就失去了存在的实际意义。另一方面，它们又是相互渗透的。内化中有外化，受教育者新的思想政治品德认识、思想政治品德情感、思想政治品德信念和思想政治品德意志的巩固、强化的过程，也就是受教育者长期践行新的思想政治品德行为实践的过程。外化中也有内化，受教育者思想政治品德行为实践的过程，也就是思想政治品德认识、思想政治品德情感、思想政治品德信念和思想政治品德意志综合作用的过程。

既然思想政治教育过程是内化与外化辩证统一的过程，那么，要增强思想政治教育的实效性，教育者在实践中就必须遵循内化外化规律，实现内化与外化的辩证统一。一方面，教育者要积极推进内化过程，帮助受教育者形成正确的思想政治品德认识，从而为外化过程奠定坚实的基础；另一方面，教育者要善于引导外化过程，促进受教育者的知、情、意、信、行等心理要素的均衡发展，激发受教育者产生的思想政治品德认识外化为行为的动机。

（三）协调控制规律

协调控制规律是指协调自觉影响与控制自发影响辩证统一的规律。思想政治教育过程是一个立体的、开放的过程，这是由它的社会性决定的。在思想政治教育过程中，受教育者不仅受到来自不同教育主体的各种自觉影响，而且受到来自不同教育主体的各种自发影响。因此，思想政治教育过程是各种自觉影响和自发影响交互作用的过程。

一方面，思想政治教育过程是一个立体的过程，是各种自觉影响交互作用的过程。在现实生活中，对受教育者施加自觉影响的教育主体往往不止一个，既有来自家庭的，又有来自学校的，也有来自其他社会群体的。各种不同的教育主体都会自觉地对受教育者施加各自的教育影响，这就产生了不同教育主体的各种自觉影响之间的交互作用。由于各种教育主体在思想水平和认识能力等方面存在较大的差异，对一定社会的思想政治品德要求的理解和掌握程度也存在较大的差异，因此，他们对受教育者施加的各种自觉影响也会出现较大的差异、对立和冲突，必然会削弱教育的力量，有时甚至会使受教育者的错误思想政治品德认识得到强化。另一方面，思想政治教育过程是一个开放的过程，是各种自发影响交互作用的过程。它总是处于纷繁复杂的社会环境之中，并同社会环境不断地发生着相互作用。因此，各种不同的教育环境都会自发地对受教育者施加各自的教育影响，这就产生了不同教育环境的各种自发影响之间的交互作用。尤其是在当今社会，随着各种大众传播媒介的飞速发展，各种社会信息纷至沓来，社会生活中的各种矛盾和现象都会迅速反映到受教育者的头脑中来，自发地对受教育者的思想政治品德产生这样或那样的影响。这些自发影响有的对受教育者的思想政治品德的形成与发展起着积极作用，有的则起着消极作用。

既然思想政治教育过程是各种自觉影响和自发影响交互作用的过程，那么，要增强思想政治教育的实效性，教育者在实践中就必须遵循协调控制规律，实现协调自觉影响与控制自发影响的辩证统一。一方面，教育者要积极协调不同教育主体的各种自觉影响，及时纠正错误的自觉影响，使各种自觉影响汇成一股合力，推动受教育者的思想政治品德沿着符合一定社会的思想政治品德要求的方向发展；另一方面，教育者要有效控制不同教育环境的各种自发影响。要及时收集各种教育环境信息，并对它们已经或可能对受教育者产生的自发影响做出科学的分析、判断和预测。要尽可能地利用各种自发影响中的积极因素，使它们与自觉影响形成合力。要及时采取有效措施，预防并帮助受教育者抵制和消除各种自发影响中的消极因素，增强受教育者的免疫能力。要积极创设良好的教育环境，把教育环境中各方面的自发影响都引导到与一定社会的思想政治品德要求相符合的方向上来。

第四章　思想政治教育的发展

第一节　思想政治教育的环境

一、思想政治教育环境的内涵与特点

（一）思想政治教育环境的内涵

环境是个含义非常广泛的概念。广义的环境是指人们周围接触到的一切事物，包括地理条件和整个社会生活。狭义的环境，是指人和事物所处的客观条件。思想政治教育环境是指对思想政治教育活动及思想政治教育客体的思想形成、发展、变化产生影响的一切客观因素的总和，它也是思想政治教育赖以进行和发展的外在条件。人是环境的主体，又是环境的客体。环境不仅是人赖以生存和发展的前提，也是人的思想政治品德形成的基础，任何思想政治品德都是在一定的环境影响下形成的。因此，我们要想提高思想政治教育的有效性，就要对思想政治教育所处的环境进行系统与科学地分析。

（二）思想政治教育环境的特点

1.思想政治教育环境的社会性

思想政治教育是随着国家的产生而产生的，是人类社会活动的产物，社会性要素对思想政治教育环境活动起着决定性的作用，个人的发展都是通过本身的社会化来使自身符合社会的要求、适应社会的生活。从思想政治教育环境的来源来看，它是社会生活的产物，因此不

可避免地具有社会属性。从思想政治教育的内部构成来看，思想政治教育环境系统中社会性要素占据主导地位，在人的社会活动中起关键性作用，那么思想政治教育环境必然具有社会属性，思想政治教育是为社会服务的。

2.思想政治教育环境的广泛性

影响思想政治教育的环境因素十分广泛，可谓无所不包，无时不有。一是思想政治教育环境是一个广泛而复杂的动态性体系。从横向的角度来看，它既包括物质环境因素，又包括精神环境因素；既包括政治环境因素，又包括经济环境因素与文化环境因素。从纵向的角度来看，它既包括经济环境、政治环境、文化环境等社会宏观环境，又包括学校环境、家庭环境、组织环境等社会微观环境。二是思想政治教育环境过程及人的思想和行为的作用性质具有多重性，影响方式具有多样性。从环境的作用性质来看，它既包括积极环境因素，又包括消极环境因素，由于人的主观能动性的选择，积极因素和消极因素在一定条件下可以相互转化；从环境的影响方式来看，它既有直接影响，又有间接影响；既有显性影响，又有隐性影响等。这些大大小小、各式各样的环境因素构成思想政治教育环境的网络系统，全方位、多渠道地影响人们思想品德的形成和发展，影响思想政治教育活动的进程。

3.思想政治教育环境的特定性

人类所处的思想政治教育环境非常复杂，包括多种不断变化的因素。但思想政治教育总是在一定的时间和地点内具有特定性，这就显示出了思想政治教育环境的特定性。

4.思想政治教育环境的动态性

思想政治教育环境是动态的、可变化的、开放式的系统。变化了的环境必然会引起思想政治教育目标的变化，例如，随着市场经济的不断深入，思想政治教育的环境领域发生了深刻的变化。因此，如何在市场经济条件下提高思想政治教育的成效，就成为一个重要的时代课题，而思想政治教育者就必然面临新的任务和挑战，需要不断调整教育目标，选择相适应的教育内容和教育方法，并在实施教育过程中，使教育者与受教育者保持与环境的动态平衡协调，实现教育者所期望的教育目标。

5.思想政治教育环境的可创造性

思想政治教育环境可以人为地设计、创造和优化，即人们可以依据一定的教育目标，有计划、有步骤地选择、加工和创设符合思想政治教育活动需要、符合人们思想品德发展需要的具体环境。对于思想政治教育宏观环境，一般来讲，要依靠国家宏观调控的引导来改变，而思想政治教育微观环境则是可以通过人们的主观努力去选择、加工和创设，选择一些良好的环境因素，改造那些已经给思想政治教育带来不良影响的环境因素，使消极因素转化为积极因素，积极营造良好的小环境，推动思想政治教育活动的顺利开展。正是因为思想政治教育环境的可创造性，我们才有可能也有必要对思想政治教育环境进行优化，将其消极影响降至最小。

6.思想政治教育环境的渗透性

思想政治教育环境通过对思想政治教育各因素、各环节的渗透，对人们的思想和行为产生潜移默化的影响，让人们在不知不觉中发生变化。也就是说，思想政治教育环境对人的思想品德的形成和发展、对人们价值观念的影响不是靠灌输手段，而主要是靠潜隐性的启发、感染和熏陶来实现的。思想政治教育环境的这一特性是由其广泛性决定的。一方面，思想政治教育环境因素十分广泛，既包括国际和国内的、宏观和微观的，又包括物质和精神的、自然和社会的，这些复杂因素相互交叉、错综复杂，通过多层面多渠道对人们施加影响；另一方面，思想政治教育环境的作用具有多重性，既有正面和负面的、良性与恶性的，又有积极和消极的、先进与落后的，这些不同性质的因素总是混杂在一起。人们总是要与周围具体环境要素发生联系，便不可避免要受环境潜移默化地影响，这种影响日积月累就会由量变产生质变，使人们原有的思想发生或好或坏的转变。

二、思想政治教育环境的分类

（一）思想政治教育的社会环境

思想政治教育的社会环境是国际与国内政治、经济、文化和科技的历史积累、发展状况与趋势所形成的教化和导向的环境，主要是指国际国内存在的对思想政治教育活动及受教育者思想政治品德产生影响的思想政治教育环境系统。它包括以下几方面。

1.社会自然环境

这类环境，属无意识环境，如祖国山河、家乡风貌、城市建设、历史名胜等，均可以有意识地加以选择进行教育。随着环境问题日益威胁人类的生存和发展，如何和环境和谐相处，如何与动植物和谐相处，已引起国人的高度关注。善于利用自然环境进行行之有效的思想政治教育，是与时俱进提高思想政治教育有效性的一个重要途径。

2.社会经济环境

社会经济环境是思想政治教育环境诸因素中最基本的因素，它直接影响着培养人的思想政治品德的要求和规格，决定着思想政治教育的发展水平。思想政治教育的实践告诉我们：当社会经济发展欣欣向荣时，繁荣的经济环境会激发人的内驱力，人们会自觉地按照经济发展的要求来选择自己的奋斗目标，受教育者就容易接受社会的主流思想；当社会经济发展处于恶性状态时，人们容易丧失动力和目标，社会主流思想就会受到挑战，教育者用社会主流思想去作用于人们时，由于失去了相应环境与之配合，就会陷入一种被动局面。

3.社会政治环境

社会政治环境是形成人的政治观的重要外在因素，也是实现人的政治社会化的客观条件。包括政权的组织形式、政治制度、政治体制和政治思想、政治准则等。任何国家都有其特定的政治环境。

4.社会文化环境

社会文化环境是人们在精神文化支配下的各种行为联系而构成的社会文化关系。具体内容有：国民素质及其教育程度、民族传统文化的积淀及民族心理氛围、精神产品的质量与丰富程度、思想的活跃性、信息穿破媒介的可信度以及由此而引起的社会风气、社会思潮、社会舆论等。文化环境作为社会环境的重要组成部分和社会上层建筑的主体部分，对人的思想道德素质具有塑造作用。它通过融合在人们周围的各种教育因素中，间接地潜移默化地影响人的思想面貌和价值取向以及影响思想政治教育的内容和方式。

5.社会信息网络环境

社会信息网络环境是指随着科技的高速发展而产生的，比传统的信息传播工具，如报纸、杂志等更快捷、方便，同时又更难以控制的信息传播方式。社会信息网络环境属于大文化环境，但它有着自身的特殊性，随着社会的发展，日益凸显了信息网络环境的极端重要性，因而有必要进行专门的研究。具体来说，信息网络环境是指通过计算机网络，不同地域的人们依靠信息交流连接在一起，从而形成的新形式的人际环境。

（二）思想政治教育的学校环境

学校是建立在一定社会关系基础上的社会组织体系，是一种专门从事培养人才的特殊单位。学校环境，是指学校的教职工、教育内容、校园文化、校风、教风、学风等诸多因素构成的境况。

思想政治教育的学校环境一方面是硬件环境。学校的硬件环境主要包括学校建设，科研水平及设施，师资力量及管理等。学校环境是承载校园文化，展现其良好的校风、学风的客体，一个好的学校环境，其校园、科研、教学及管理都具有自己相应的特点及较强的实力，学生们往往通过其良好的硬件环境得以解读学校环境中蕴含的校风、学风、教风。因此，加强学校的硬件环境建设，对加强学校环境建设起到了物质性的作用。

另一方面是软件环境。学校的软件环境主要包括校风、校园文化和规章制度三个方面。第一，校风是学校的“社会氛围”，是学校中占主导地位的教育原则、风气和习惯。学风是学习的态度和风格，是校风的一个组成部分，是培育人才的决定性条件。教风也属于校风，是教师在从事教书育人过程中应具备的职业道德和品质。干部作风，是机关干部的工作态度、服务意识、敬业精神等，它也包含在校风中。第二，校园文化本身是一种学校文化的历史积淀，是在长期的教育实践中逐步形成的，是在社会文化环境和学校自身发展的合力作用下形成的一种区域性文化。校园文化具有较强的稳定性和规范性，是一种理想与现实相结合的文化，当理想与现实产生矛盾时，校园文化具有抗干扰能力。因而，校园文化对学生具有重要的教育作用。校园里的标志性文化建筑、恰当的名人名言和肖像的张挂、校园里洋溢着的浓厚的文化氛围等，都会在学生思想品德形成过程中产生重大影响。第三，规章制度是学校良性运作的根本保障。良好的制度，严格的管理，能规范学生的行为，使之养成良好的行为习惯，从而引导学生参加健康有益的活动，减少、杜绝消极有害的活动。把“以德育人”和“管理育人”有机地结合起来，促使学生自觉地抵制不健康的思想道德观念，从而培育学生高尚的情操和优良的思想道德品质。

（三）思想政治教育的家庭环境

家庭作为社会的细胞以及社会生活的基本单位，是最先对人实施教育和影响的地方，是人社会化的第一块基石，父母是孩子的第一任老师。家庭环境对一个人的成长影响是巨大的，特别是青少年，他们对周围的一切都充满好奇，热情洋溢、兴趣广泛，却缺乏毅力。他们渴望了解社会、了解人生，渴望独立自立，却又缺乏足够的能力摆脱幼稚、分辨良莠。他们的这些不稳定个性与含糊的观念如不及时引导和教育，就很容易被一些不良的社会现象所左右。因此，需要学校、家庭、社会给予全方位的教育，而健康、文明的家庭环境是很重要的，因为青少年比较多的时间是在家里度过的。做父母的如果能意识到这一点，并努力创造一个温馨、和谐、健康、文明的家庭环境，适时对孩子进行正确的人生观、世界观、价值观的教育，便能引导他们迈好童年、少年、青年的每一步，帮助他们健康成长。

思想政治教育家庭环境，是指自己的家庭状况，主要是由家庭意识、家庭行为、家庭物质三方面组成。首先，家庭意识，它反映家庭成员的共同利益和共同心理，从而形成家庭是非标准，约束家庭成员的行为。家庭意识包括家庭的道德观念、理想观念、价值取向、审美情趣等，通俗地说，就是一个家庭的家风。其次，家庭行为，它反映家庭成员的各种活动和行为规范。家庭行为包括家庭成员的各项活动，如文艺、体育、学习、娱乐、卫生保健、家务劳动等，也包括家庭中自己规定的行为准则，如家法、家规等。最后，家庭物质，它主要反映家庭生活环境、消费趋向、经济状况等。家庭物质包括经济收入、支出、衣食住行等。

第二节　思想政治教育的实施方法

思想政治教育的实施方法，也叫思想政治教育的工作方法，是教育者面向教育对象在教育的过程中所采用的方法。它是思想政治教育认识向实践的必然发展，也是思想政治教育方法论体系中最重要的内容。

一、思想政治教育的基本方法

思想政治教育的基本方法是在思想政治教育的实践中具有普遍适用性的方法。基本方法贯穿思想政治教育的全过程，渗透到思想政治教育的各个领域、各个方面，发挥着基础性的作用，并对一般方法和特殊方法具有重要的指导和规范作用。

思想政治教育的基本方法主要有以下几种。

（一）理论教育法

理论教育法是思想政治教育主体有目的、有计划地向思想政治教育客体进行马克思主义理论教育，党的路线、方针、政策教育，正确的道德认知教育，通过传授、学习、宣传，让受教育者树立科学的世界现、坚定的社会主义信仰和良好的道德品质。

理论教育法的依据主要有以下两方面：

第一，人具有主观能动性。动物的活动是一种适应环境的本能活动，不受思想和理论分配，但是人的活动不一样，是有意识、有目的的活动。人的意识是由社会存在决定的，同时意识又具有相对的独立性，它反作用于社会存在。人的实践活动总是要受一定的思想、理论支配，或受正确的思想和理论支配，或受错误的思想和理论支配，是决不能离开思想和理论指导的，思想和理论一旦被人们接受，便会成为强大的精神动力。所以，理论学习是重要的。

第二，人的正确思想的形成不是自发的，正确的思想观念和科学精神不可能在人们的头脑中自发地形成，而只能从外面“灌输”进去，即只能通过学习、宣传等教育方式才能被掌握。思想政治教育只能用马克思主义的立场、观点和方法，对人们的思想道德等方面的意识进行系统地宣传教育，使之在政治上树立正确的信仰，在道德上形成正确的道德认识，形成良好的道德习惯，以便成为人格健全的人。

（二）实践教育法

实践教育法也称实践锻炼法，是与理论教育法相对应的一种方法，它是组织、引导人们积极参加多种实践活动，不断提高思想觉悟和认识能力的方法。实践教育包含两层含义：一是理论联系实际，知行统一，身体力行，加深对理论认识的理解；二是坚持到实际中去，在改造客观世界的同时改造主观世界，提高人的思想认识。

狭义的实践教育法主要是公开体验的实践活动，就是我们常说的社会服务、社会考察、社会劳动。广义的实践教育法包括平台见识型、模拟感悟型和公开体验型。平台见识型就是通过搭建平台，把教育对象应知应会、必知必会的最基本政治理论知识、公民道德规范与法律常识等经过概括、提炼，通过展厅布展，以实物、课件、图片和声、光、电的形式，立体化的视觉效果和教育情境实现思想政治教育课堂教学的延伸和社会实践的集中优化，增加教育对象对所学知识的认知。模拟感悟型就是利用特设的教育场景，通过精心设计的游戏、实践训练、素质拓展等活动项目，让受教育者独立思考、感悟活动蕴含的哲理，从而在思想观念和规范道德行为有所升华的实践训练中活动。公开体验型是让受教育者公开参加社会实践活动，以提升知识、能力和技能的实践活动。主要包括以下两点：一是社会服务活动，就是受教育者志愿参加的、有组织、有目的的实践活动，是实践教育的重要方式；二是社会考察，就是受教育者深入社会实际，通过认识和研究社会，提高其思想认识和分析社会问题的能力的方法。在社会考察中，考察者自己动脑、动口、动手，获取丰富的第一手材料，经过对材料的整理分析得出理性认识的方法。社会考察的方式一般包括：深入社会观察、参与社会体察和联系社会调查。

实践教育法的依据主要包括两点：第一，实践观点是马克思主义认识论的根本观点。受教育者思想的形成、发展和检验都离不开社会实践，都是由社会实践决定的。社会实践是人的正确思想形成发展的源泉，社会实践也是人的思想发展的动力，社会实践更是思想认识的目的和检验人的思想的标准。第二，人的全面发展离不开社会实践活动。人的全面发展是一个不断提高、不断完善的过程，这个漫长的历史过程与人类的实践活动息息相关，人的德、智、体、美等方面的发展离不开漫长的实践过程。

二、思想政治教育的一般方法

思想政治教育的一般方法，也可称之为思想政治教育的通用方法，是思想政治教育经常使用的方法，也是适用于思想政治教育一般情况的方法，通常有以下几种方法。

（一）疏导教育法

疏，即疏通，思想政治教育中的疏通是指广开言路，集思广益，让受教育者敞开思想，把各自的观点和意见都充分发表出来。导，即引导、开导，在思想政治教育中循循善诱，说服教育，把各种不同的思想和言论引向正确、健康的轨道。疏导教育就是指对受教育者内部的思想认识问题既不堵塞言路，又要善于引导，帮助受教育者提高思想认识。

疏导教育法的具体方式主要有三种：

第一，分导。分导就是分而导之。对受教育者的思想问题，采用分导的方式。根据不同的情况，可分为分散而导、分步而导、分头而导。分散而导是针对某个群体成员共同存在的主要思想问题，教育者采取分散的办法，逐个进行教育引导，通过解决每个成员的思想问题来解决共同存在的思想问题；分步而导是针对某个人的思想问题，按照轻重缓急，分先后和主次，有步骤地加以教育引导的方式；分头而导，就是教育者动员各种教育力量或教育人员针对受教育者突出而严重的思想问题，分别进行教育引导。这种方式能够形成教育合力，集中解决有一定难度的思想问题。

第二，利导。利导就是因势利导。开展思想政治教育，解决受教育者的思想问题，要正确分析思想形势，按照受教育者不同的思想特点和发展趋势，选择适当时机加以解决。首先，要掌握思想发展的规律和发展趋势，顺应社会向前发展的潮流，引导和推动思想向正确方向发展；其次，要抓住教育的有利时机，择机而发，不要轻易放过教育的有利时机而造成教育被动；最后，要充分利用教育的有利条件，克服不利因素，充分发挥和开发受教育者自身的积极因素，克服消极因素。

第三，引导。引导就是启发诱导，是教育者指导受教育者主动、积极、自觉地提高思想认识的方法。启发诱导的方式，十分强调发挥受教育者的主动性，激发受教育者思考的积极性，增强受教育者接受教育的自觉性。

（二）比较教育法

比较教育法是将两种不同现象或事物的属性、特点进行比较鉴别，引出正确的结论，用以提高思想认识的方法。比较教育的方法，更有利于受教育者通过比较鉴别是非，区分优劣，检验认识的正确与错误，它是思想政治教育经常采用的一种方法，具有其他教育方法所没有的优势。

比较教育法主要有以下几种表现形式：第一，比较鉴别法。它是通过比较对照辨别真伪、是非以及正确与错误，提高受教育者思想认识的教育方法。比较鉴别法常用于思想信息的整理分类，对各种性质不同的思想、思潮异同点的分析与判别，考察各种政治理论及思想观念的变化及变化程度，预测思想的发展趋势。第二，回忆对比法。它是回想过去，对比现在，从中得出有益结论以提高受教育者政治觉悟和思想认识的教育方法，这是思想政治教育中的传统方法。第三，类比法。它通过某些属性相似的两类教育对象或两类现象的比较，推出他们在其他属性上也相似的一种教育方法。在思想政治教育中，类比法可以用于同类集体或人员之间的相互比较、竞争和激励。

（三）典型教育法

典型教育也叫示范教育。它是通过典型的人或事进行示范，教育受教育者提高思想认识的一种方法。典型教育法将抽象的说理变成通过活生生的典型人物或事件来进行教育，从而激起人们思想情感的共鸣，引导人们学习、对照和仿效。典型教育法具有形象、具体、生动的特点，它较说理教育更富有感染性和可接受性，是传统的思想政治教育方法之一。

典型教育的具体形式是多种多样的。按照典型的性质来划分，可以分为正面典型或先进典型，反面典型或后进典型。首先，正面典型。体现或代表先进、正确的思想，在受教育者中能够起榜样示范作用的典型叫正面典型。正面典型也叫先进典型，它是相对于反面典型而言的。正面典型的作用，就是榜样的作用。榜样的先进事迹或英雄行为，以其具体形象的形式，易于被接受和仿效，具有很强的感召力，能够产生正面激励作用。同时，榜样所体现或代表的先进思想，深刻寓于具体事例之中，易于学习和理解，具有很强的说服力，能够起到正面引导作用。其次，反面典型。反面典型是反映落后的、错误的思想，是能产生消极影响和对社会产生破坏作用的典型。反面典型是相对于正面典型而言的。当反面典型的人或事存在的时候，如果让其自由放任，就会对思想基础不好、辨别能力不强的人产生消极感染作用。在应用反面典型时，首先，要让受教育者识别反面典型，对反面典型有一个正确的判断，承认它是错误的，并知道它错在哪里。其次，要引导受教育者分析反面典型，分析反面典型所反映的落后思想、错误思想，分析反面典型产生的根源及其危害，从而帮助受教育者自觉抵制反面典型的消极影响，增强接受正面教育的积极主动性。

（四）自我教育方法

自我教育法是受教育者按照思想政治教育的目标和要求，主动提高自身思想认识和道德水平以及自觉改正自己错误思想和行为的方法，简单地说，就是受教育者自己教育自己，自己做自己思想政治工作的方法。

自我教育分为个人的自我教育和群体的自我教育。个人自我教育的主体既是教育者，又是教育对象。群体自我教育是指一个集体内部的互帮互教，是群众自己教育自己的活动。群体自我教育的形式是多种多样的，有集体讨论，批评和自我批评，开展竞赛活动，以及运用群众中的典型等。

（五）激励教育方法

激励就是激发与鼓励。激励教育法，就是激发受教育者的主观动机，鼓励受教育者朝着正确目标努力的方法。激励教育过程，就是激发受教育者的内在动力，调动受教育者的积极性，向着正确目标前进的过程。激励有物质激励和精神激励两种方式，物质激励不能代替思想政治工作和精神激励，精神激励也不能代替物质激励，只有把两者有机结合起来，才能正确而充分地调动广大群众的积极性。激励教育法的途径和方式是多种多样的，常用的方式有以下几种。

1. 目标激励

目标激励就是通过设置和树立理想和目标，激发受教育者为实现理想和目标而奋斗。人都是有思想的，思想要指导人们的行动。一定的目标，只要被人们确立起来，它就会产生激发和吸引，促使人们为实现目标而行动。所以，目标激励的实质是增强受教育者的自觉能动性。进行目标激励，要根据激励对象的实际，选择目标内容与层次。不管教育对象的具体实际，笼统地进行目标教育，不会有好的效果。思想政治教育的重要任务是要帮助受教育者树立远大的目标，而远大的目标可以产生持久的、巨大的动力。因此，思想政治教育工作者，要经常结合实际，帮助受教育者认识、理解、接受、树立远大目标，激励受教育者为实现远大目标而奋斗。

2.奖罚激励

奖罚激励就是对受教育者的思想行为表现给予肯定、表扬或给予否定、批评。奖罚激励包括嘉奖、表彰、表扬和惩罚、处分、批评等具体方法，是思想政治教育经常运用的方法。思想政治教育的重要职责，就是要旗帜鲜明地表扬先进、奖励先进，让先进人物的先进思想和事迹，激励受教育者学习、仿效，促进受教育者成长、进步。同时，对后进思想、消极因素、缺点错误，也要给予必要的批评、惩罚，激起人们的警觉，引以为戒，从中吸取经验教训。表扬、奖励是正面激励，批评、惩罚是反面激励，两者是相辅相成联系在一起，并从不同侧面来教育和提高群众的思想觉悟和认识能力的，因而在使用时，必须把两者结合起来。

3.竞争激励

竞争激励就是通过评比、比较造成一种相互竞赛、不甘落后、争取奋斗的激励。它是根据人们在学习、工作、生产等方面表现与贡献的不平衡性和可比性，利用受教育者的上进心理和互相争胜心理，来激发动力，鼓励上进，推动工作的，是思想政治教育经常运用的一种教育方式。在社会主义市场经济体制下，在社会竞争不断加强的情况下，思想政治教育科学地运用这一方式，可以培养受教育者正确的竞争意识和勇于拼搏、力争上游、不甘落后的精神，可以有效推动个人的成长和单位事业的发展。用好竞争激励，一定要把握条件：一要有正确的指导思想和明确的目的；二要有严格的标准，明确的要求；三是在竞争激励中，既要鼓励大家争取优胜，又要提倡发扬风格，要比出干劲来，评出风格来，赛出团结来，增强集体荣誉感。

（六）感染教育方法

感染教育法就是受教育者在无意识和不自觉的情况下，受到一定感染体或环境影响、熏陶、感化而接受教育的方法。运用感染方法调动情感力量，可以使思想政治教育的各种方法更加生动活泼，形式更加为受教育者喜闻乐见，从而增强思想政治教育的吸引力和感染力，博得受教育者情感上的共鸣，提高思想政治教育的效果。

感染教育按不同的活动方式和感染内容划分，主要有以下几种：

第一，形象感染，也叫形象教育，指用生动、直观的事物形态和深刻反映社会现实的典型事例感染人们的情感，启发人们理解和接受抽象道理的一种教育方式。形象感染活动主要包括：身临其境，参观访问，实地考察，在生动的情景中受感染；观察现象，接触实物，观看图片，在形象的直观中受感染；同人物结交访谈，在直接的言谈举止中受感染。形象感染主要不是靠说教，而是靠形象的内在感染力，具有直观、具体的特点，能使思想政治教育生动活泼，获得良好效果。

第二，艺术感染，也叫艺术教育，是通过文学、美术、音乐、舞蹈、戏剧、电影、电视等文艺作品的欣赏活动、评论活动和创作活动给人以影响和感化的。艺术感染实际是美育的一个方面，是一种寓教于乐的方法，有助于受教育者树立正确的世界观和人生观。要进行艺术感染，首先要联系受教育者自身经验和当时背景，引起受教育者欣赏的兴趣；其次要培养提高受教育者欣赏的鉴别能力，组织好书评、影评等活动，正面加以引导，用正确思想和高尚情趣欣赏文学艺术作品，抵制和反对低级庸俗的东西，善于鉴别真与假、善与恶、美与丑；最后要激发受教育者强烈的情感反应。合理利用各种欣赏内容和情境，激发受教育者的惊讶、赞叹、敬佩等情感反应，并通过指导受教育者从事阅读、练习、创作等实际活动，进一步发展受教育者的审美情感，道德情感。

第三，群体感染，也叫交互感染，指在一个群体中，受感染体感染的各个个体相互作用、相互影响的状况。个体在群体中受感染的感染强度是加强还是削弱，要看个体与群体受感染的方向是否一致。如果群体受感染同个体受感染具有同一性质和方向，那么个体受感染的强度就会在群体的影响下增加，否则，就会削弱个体感染的强度，甚至可能使个体的感染强度向相反方向发展。思想政治教育运用感染方法，就是要善于培养群体的顺向情感，使其产生顺向感染去影响受教育者，使受教育者增强或激发顺向情感，削弱逆向情感，并尽可能使逆向情感向顺向方面转化和发展，从而使受教育者在积极、健康的环境影响下，潜移默化地接受正确的思想观点和行为规范，达到一定的教育目的。

三、思想政治教育的特殊方法

在思想政治教育过程中，可能遇到某些突出的或特殊的思想问题和行为表现，如将要发生的重大思想问题、顽固的思想障碍和错误观点、剧烈的思想和行为冲突等。针对这些情况，仅使用一般的教育方法是不够的，还需要运用特殊的教育方法。

（一）预防教育方法

预防教育就是针对受教育者可能或将要发生的思想问题与行为偏向，事先进行教育，防止思想问题与行为偏向发生，或者将思想问题与行为偏向制止、消灭在萌芽状态。预防教育包含两方面的意思：一是在不良思想和错误行为刚刚冒头时，就及时采取相应的防范措施，不使其发展和蔓延，或者将其消灭在萌芽状态；二是在不良思想和错误行为发生之前，就采取有效的防范措施，使不良思想和错误行为不至于发生，避免不必要的损失。思想政治教育，作为一项面向未来培养和造就人才的希望工程，更需要进行预测和预防教育。

预防教育的主要方法有以下几种：

1.普遍预防和重点预防

思想政治教育要解决的是受教育者的指导思想问题。因此，必须及时针对刚出现的问题和可能发生的问题进行解释、引导、教育，把受教育者的思想、议论导向正确的方向，避免大量思想问题发生。因而，普遍预防是十分重要的，运用得好，它能保证单位和社会的平稳发展，避免不必要的曲折和损失。进行普遍预防，要关心受教育者利益，掌握社会心理，坚持正面引导，注意化解矛盾，努力避免思想积怨和矛盾激化。

重点预防，就是对突出的人和事以及关键时期可能出现的问题，及时进行事先教育，防患于未然。在社会上，受教育者的思想状况千差万别、千变万化，我们要善于根据客观环境和受教育者情绪、言行的变化去分析情况，判断可能发生的问题，把教育工作做在前面。我们要抓住关键的人、关键的事、关键的岗位、关键时刻进行重点预防。普遍预防和重点预防是一般和个别、普遍性与特殊性的关系，一定要结合起来进行。

2.明示与暗示

明示是指教育者以正面直接的方式，明确地给教育对象阐明道理，提出要求，主动设防的方法。这种方法一般是在错误倾向的苗头开始出现并有所发展，情势比较紧迫的情况下采用。明示有两种方式，即书面明示和口头明示。书面明示就是以文件、条例、通知、告示等书面形式提出思想要求和行为规范，使受教育者遵循；口头明示是通过会议，谈话等形式以口头方式提前给教育对象讲明道理，提出要求，防止可能出现的思想问题。

暗示和明示正好相反，它是以委婉含蓄的方式对受教育者施加影响，进行引导，使受教育者自觉或不自觉地避免思想问题和行为偏向的发生。暗示的方法一般是在情况比较复杂，错误倾向的苗头隐约可见但发展动向尚不清楚，或思想行为表现异常的情况下采用。常用的暗示方法有目标暗示、舆论暗示。目标暗示是通过确立一定的目标，以正确的目标暗示错误思想与目标的背离，引导受教育者避免思想出偏，行为出错；舆论暗示就是通过会议、讨论、宣传等各种形式，制造正确舆论，抑制消极因素，使受教育者的思想和行为潜移默化地受到舆论的影响。

3.启示与警示

启示法是指教育者针对可能发生的问题，以侧面间接的方式启发受教育者思考和觉悟，提示受教育者避免错误的方法。也就是从最简单的、众所周知的材料出发，用简单易懂的推论或恰当的例子来说明从这些材料得出的主要结论，启发肯动脑筋的读者不断地去思考更深一层的问题。它一般是在事态比较明了或教育对象思想觉悟状况良好时采用。

警示就是对可能出现的危害严重的思想和行为提出警告，明令禁止。如果启示是通过启发受教育者自觉预防的话，警示则是教育者强制设防。警示一般用于可能造成恶劣后果，群众极力反对的思想和行为。对这些思想和行为，必须事先明令禁绝，不可有犯，一旦有人违反，必须进行处理。

（二）心理咨询法

心理咨询是指通过语言、文字等交流媒介，咨询者在心理方面给咨询对象的帮助、启发和引导的过程，这个过程具有明显的教育作用。所以，我们把心理咨询作为一种特殊方式的教育。

我们要从我国的实际出发，总结、探索适应我国社会发展需要的心理咨询方法。目前，已经为广大思想政治工作者经常运用的心理咨询具体方法主要有以下几种：

第一，疏导咨询法。疏导咨询法就是咨询人员与咨询对象通过建立良好的关系，对咨询对象进行疏通引导，从而达到消除心理障碍，促进身心健康的一种咨询方法。这一方法，要从咨询对象的实际出发，了解、分析心理障碍的形成过程及其产生的根源，把握其实质与特点，并教给咨询对象战胜心理障碍的武器和方法。

第二，交友谈心法。交友谈心法就是为咨询对象创造良好的人际关系来解除其心理障碍或心理疾病的方法。这一方法，要求咨询人员充分关心、理解、信任咨询对象，帮助建立良好的人际关系，使咨询对象消除与人际环境的障碍与隔阂。

第三，自我调控法。自我调控法，就是咨询者主要通过帮助咨询对象自我认识、自我导向、自我控制来消除心理障碍的方法。运用这一方法，首先要启发咨询对象自我认识的自觉性，帮助咨询者了解自己，接纳自己，树立必要的自信心；其次要培养咨询者自我把握、自我调控的能力，学会正确调整心理结构，正确调整与环境的关系。

（三）思想转化法

思想转化法是指在思想政治教育中，教育者使受教育者的思想由错误转化为正确，由消极转化为积极，由后进转化为先进的方法。因而思想转化法是用于解决个别或少数人错误思想观念的方法。

实施思想转化的途径很多，其中主要的途径是以下几个方面：

第一，情感融化，打开思想转化的通道。在思想转化过程中，如果缺乏感情或感情对立，就难以收到应有的教育效果。所以，实施思想转化的第一步，就是用情感去融化教育对象，从而为思想转化消除障碍，打开通道。要做到情感融化，第一是要热爱转化对象，真诚地亲近他们，以消除对方的提防心理和反感情绪；第二是从工作、学习、生活诸方面关心转化对象，做他们的知心朋友，以诚相待，取得信任。只有在教育者与受教育者之间架起了一道感情的桥梁，才可能减少以至消除思想转化过程中的阻力，为下一步工作打下牢固的基础。

第二，事理说服，提高思想转化的效果。在思想政治教育中，事实教育是具有强大说服力的教育方式。事实教育的特点在于它的简捷性、直观性和无可争辩性，它在证实、辨伪和释疑等方面具有突出的力量表现。人们之所以形成这样或那样的糊涂认识和思想疙瘩，在很多情况下是由于有的人盲目逆反，固执己见，或不明真相，上当受骗所致。对此，需要运用大量而确凿的事实，对转化对象进行耐心反复的说服，攻破其思想防线，最终可以促使其思想实现转化。

第三，行为约束，增强思想转化的力度。通过情感融化和事理说服，很多转化对象的思想是会有转变的。但转变不是一下子就可以完成的，而需要有一个过程，甚至可能出现曲折和反复。针对这种情况，除了反复教育外，还要进行相应的行为约束，让转化对象按一定的纪律、规章制度规范自己的行为，在行动中进行思想体验，巩固教育成果，增强转化的实效。

第三节　思想政治教育者素质的提升

一、思想政治教育者素质提升的重要性

（一）思想政治教育中教育者的地位和作用

思想政治教育者是实施教育的主体，起着主导的作用。教育者起主导作用，主要是指教育者是教育活动的组织者、设计者、发动者和领导者。教育者是受教育者思想上的引路人、指南针，面对纷繁

复杂的社会现象，面对形形色色的社会思潮，教育者应当具备良好的政治素质和坚定的政治立场。坚持“以科学的理论武装人，以正确的舆论引导人，以高尚的精神塑造人，以优秀的作品鼓舞人”。在新时期思想政治教育中，必须坚持并努力巩固思想政治教育者在思想政治教育中的主导地位。否则，思想政治教育便可能丧失其主动性，从而偏离正确方向。思想政治教育者是坚持社会主义思想政治教育的核心力量，是思想政治教育的主体。加强这支队伍的素质建设，对促进思想政治教育工作的有效开展，促进教育对象的全面发展有着重要的作用。因此，教育者必须不断提升思想政治素质、文化素质、业务素质、能力素质等，以保证自己在现代思想政治教育中的主体地位和主导作用。

（二）思想政治教育者素质提升的必要性

1.增强思想政治教育活动效果的要求

要增强思想政治教育的活动效果，不仅要求有科学的教育方法和真理的力量，而且要求思想政治教育者具备高尚的道德素质。思想政治教育者是塑造和净化人类灵魂的工程师，是社会道德规范的示范者。只有具备了高尚的道德素质，思想政治教育者的工作才具有吸引力和感染力，也才能引导受教育者朝着社会要求的道德方向发展。

2.思想政治教育者道德素质的基本要求

思想政治教育者作为一个普通的公民应该具备作为一个合格公民的基本道德要求，即遵守社会公德、职业道德、家庭美德。社会公德是指一个社会的全体公民为了维护公共生活秩序、调整人们之间的相互关系所必须遵守的道德规范及相应的心理意识和行为活动的总和，包括文明礼貌、乐于助人、爱护公物、保护环境、遵纪守法。职业道德是指一定职业的人们在履行其职责的过程中，在思想和行为上应当遵循的行为规范及其心理意识、行为活动的总和，要求人们爱岗敬业、诚实守信、办事公道、服务群众、奉献社会。家庭道德是在一定的社会历史条件下形成的，调节、约束家庭生活、家庭关系、家庭成员行为的道德准则。

3.思想政治教育者自身工作的要求

思想政治教育者自身工作的要求具有特殊性。首先，思想政治教育者的劳动属于难以量化的精神生产活动。它是通过思想政治教育者自身的言传身教来启发、影响受教育者，使其形成正确的世界观、人生观和价值观。思想政治教育者是思想政治教育的主体，在思想政治教育过程中发挥着主导作用，从而要求思想政治教育者具有较高的道德素质。其次，思想政治教育者的劳动工具是以教育者个人的个性品质为主的。思想政治教育者的劳动是极其复杂精细的精神生产活动，他的劳动工具和手段主要是自身的个性品质，如情感、意志、性格、品德、能力，等等。在教育过程中，思想政治教育者以自己的思想行为去影响和感染教育对象，以其一言一行不自觉地影响着受教育者，从而使教育对象的思想行为发生相应的变化，达到教育的目的。所以，高尚的道德素质作为一种强大的教育力量，是思想政治教育者亟须提高的素质。

二、思想政治教育者素质提升的途径

思想政治教育者作为思想政治教育的主体，其修养的提高直接影响着思想政治教育的实效性。在这样的情况下，研究提高思想政治教育者修养的途径和方法就具有重大的现实意义。

（一）自我教育提高思想政治教育者素质

思想政治教育者要想教育他人，首先要学会进行自我教育，有一颗时刻保持谦虚谨慎学习的心，向书本、向前辈，甚至向自己的学生学习。教育者一直都在教育者的专注甚至观察之下，因此，教育者要做到自我管理，使自己的语言时刻保持严谨科学，行为时刻保持落落大方。只有不断学习，才能当好先生。特别是要向人民群众学习，学习他们的生活方式、语言表达方式、思维方式等，这样才能便于接近人民，真实地走进他们的生活中，毫无隐藏、毫无装饰，才能使思想政治教育更具针对性、实效性。因此，思想政治教育者要把提高自身修养落实到具体内容上，提高自身修养，并非提高个人地位、身价，而是内在地提高其各方面素质，使自己能够因时因地不断接受具体的教育，从而先提高自己，在此基础上再对他人进行教育。

（二）学校教育提高思想政治教育者素质

基础理论的培养和专业知识的学习。思想政治教育者要注重自身马克思主义理论的学习，否则就会发生方向性的政治错误。恩格斯说过："只有清晰的理论分析才能在错综复杂的事实中指明正确的道路。"(《马克思恩格斯全集》第37卷，1971年版，第283页)只有清晰明白地认识根本理论，结合党和国家的大政方针政策，及时更新自己的理论储备，才能围绕着党和国家的方针政策，制定与之相应的教育方针、教育内容，时刻与党中央保持高度一致。专业知识学习也是提高思想政治教育者修养的重要一环。专业知识包括思想政治教育学专业性知识以及与之密切相关的其他学科的专业知识。教、学、研相结合，要求思想政治教育者将教育、学习和研究联系起来，使其成为有机的整体，而非单个的个体。教育是一种内化于心、外化于行的活动。恩格斯说过："在社会历史领域内进行活动的，是具有意识的、经过思虑或凭激情行动的，追求某种目的的人，任何事情的发生都不是没有自觉的意图，没有预期的目的的。"（《马克思恩格斯文集》第四卷，2009年版，第301～302页）思想政治教育的目的就是培养社会主义新人，为建设中国特色社会主义而奋斗。这就需要教育者提高自身素养，将教育教学和实践调查研究相结合，培养出一代又一代社会主义事业的接班人。

（三）家庭教育提高思想政治教育者素质

家庭教育也是重要的一部分，在与家人相处中要和睦友爱、相敬如宾，这样的家庭氛围会熏陶出良好的品格，有了良好的品格，形成良好的修养就不再是问题了。思想政治教育者同样一直生活在家庭环境中，从做孩童到长大成人，在这一过程中时刻都不能脱离家庭环境。只要拥有较高的知识水平就可以去教授知识，但是作为思想政治教育这一特殊学科的教师，除了学高，还需身正，而且要随时保持自己良好的形象。立刻树立一个良好形象很快，但是若想一直保持则需要付出坚持不懈的努力。教育者自身有着较高的修养、良好的形象，会给人以一种气质非凡的感觉，自然会使受教育者肃然起敬，争相效仿。相反，教育者难以保持良好形象，表里不一，每天宣讲一套，背后做事又是一套，自然难以得到受教育者的肯定和赞扬。思想政治教育者不但要树立起良好形象，而且要保持这一良好形象，以自身行动践行自己宣传的理念。

（四）社会教育提高思想政治教育者素质

社会教育运用各类文化形式，生动具体地表现社会主义核心价值观，用高质量高水平的作品形象地告诉人们什么是真善美，什么是假恶丑，什么是值得肯定和赞扬的，什么是必须反对和否定的。以此来确定标准，在社会上树立正确的榜样、典型。榜样的力量是无穷的，张思德、雷锋、焦裕禄等一大批模范人物所体现的精神力量在思想政治教育中发挥了重要示范引领作用。习近平多次强调，道德模范是社会道德建设的重要旗帜，要深入开展学习宣传道德模范活动，使他们成为培育和践行社会主义核心价值观的生动教材，以此激励人民群众崇德向善，鼓励全社会积善成德、明德惟馨，为实现中华民族伟大复兴的中国梦凝聚起强大的精神力量和有力的道德支撑。这是社会教育的一方面，同时在社会中要时刻做好宣传工作，使思想政治教育者有存在感和安全感，认为自己所坚持的是准确无误、社会所倡导的，让教育者更有自信心。

第四节 思想政治教育的创新

随着改革开放的不断深入和信息时代网络的推广、普及，当代教育对象的意识形态和思想观念面临强烈冲击。传统的思想政治教育的方式、方法和内容在某些方面不能够满足现代社会发展的需求。面对新情况和新问题，思想政治教育方法必须加以改进，要强调创新，以跟上时代的步伐，富有时代的气息。

一、思想政治教育创新的原因

在思想政治教育中，我们一直强调的理论联系实际、深入群众工作原则，确实在社会主义革命和建设中发挥了巨大的作用。但是，在一段时间内由于受各种思想政治教育模式的影响，我国的思想政治教育在某种程度上偏离人的主体发展需要的倾向，表现出理想化、圣人化和理论化、规范化的特征。在某种程度上思想政治教育内容不仅没有真正走进实践的生活世界，也没有真正走进受教育者的心灵，实效性甚差，甚至表现出某些负面影响。主要表现为以下几点。

（一）远离现实生活，教育目标过于理想化

在教育过程中只注重方向性，缺乏时代性、层次性和生动性，目标过高而未能贴近受教育者身心发展的实际，在一定程度上存在“假、大、空”的弊端。教育内容过于理论化、原则化，重“应是”的理论灌输，而缺少从“应是”到“实事”的理论指引，不能让受教育者学会在客观大背景下去思考、去创造。所以，思想政治教育一度流于形式，没有实际的真心呼唤，造成了其与生活世界的脱离。

（二）自上而下的教法，教育手段过于简单化

传统思想政治教育的方法往往是单向灌输，向人们灌输社会的政治思想和道德规范，忽视培养人的个性和能力，因而思想政治教育中简单说教、硬性灌输的现象比较普遍，忽视了引导受教育者积极向上、自我发展、自我完善。教育方法的选择和应用往往从教育者自身条件出发，而不考虑受教育者的兴趣、爱好、思想道德水平和理解接受能力。在教育中一直是重理论灌输、道德说教，轻能力培养、行为养成。结果使受教育者知行脱节，知识的优势不能转化为内在的素质和实际行动，在实际生活中表现为多重人格，当面一套，背后一套。思想政治教育与现实生活实践的隔离，在一定程度上造成了教育目的的异化，造成了思想政治教育的低效。因此，思想政治教育要与现实生活相互联系，实现主客体之间的相互交流。

（三）具有较多的封闭性、防范性

就学校思想政治教育而言，现实生活中有争议的问题往往不敢让学生深入讨论，害怕学生思想发生迷乱；生活中尖锐的矛盾及其一些阴暗面不敢引导学生去揭示，害怕学生判断是非能力不强而失去对国家和社会的信任；对于敏感的问题如性教育等更不敢让学生去直面，害怕学生出现“自由化”。这种情况导致教育与生活的隔离，学生完全不能把在校外获得的经验完整地、自由地在校内利用。另外，学生在日常生活中又不能应用在学校学习的东西，造成学校教育与社会生活的隔离。本来思想政治教育应在广泛的社会实践中获取认知素材，以激发受教育者的情感，磨砺意志，并在社会实践中践行教育的要求。然而传统思想政治教育却脱离现实世界，具有较多的封闭性、防范性，这样就限制了思想政治教育作用的发挥，也违背了思想政治教育的初衷。

二、思想政治教育创新的原则

思想政治教育创新是时代发展的必然要求，但思想政治教育的创新不能凭空想象，脱离实际，要有科学的理论依据为指导，要有客观的现实依据为保障。在思想政治教育创新的过程中必须坚持以马列主义、毛泽东思想、邓小平理论、“三个代表”和科学发展观重要思想作指导，解放思想、实事求是、与时俱进、开拓创新、通观全局地进行思想政治教育创新活动。

（一）坚持以人为本的原则

“以人为本”是科学发展观的核心部分，也是马克思主义关于人的全面发展理论中国化的又一科学体现。社会主义和谐社会要求我们在做任何一项工作时，都要时刻贯彻“以人为本”的重要思想。人的全面发展也是思想政治教育追求的目标，实现人的全面发展和民族意识的伟大复兴是目前思想政治教育研究的两大挑战。在进行思想政治教育创新时，必须牢牢地记住“以人为本”的科学思想，思想政治教育创新要遵守的第一原则就是要“以人为本”。这一原则既指出了思想政治教育创新的出发点和目标，同时也给思想政治教育创新指明了手段和方法。在社会主义和谐社会建设过程中，无论是经济建设，还是民主法治建设，或是社会道德伦理建设都要求我们坚持“以人为本”这一和谐社会的科学内涵。过去的一些失败的思想政治教育就是没有很好地做到“以人为本”，往往教育手段强硬，教育方法僵硬，教育内容只顾突出政治性，忽视人的需求性。

（二）坚持理论联系实际的原则

马克思主义哲学认为，世界的本源是物质的，社会生活的基础及本源是社会实践。实践是检验真理的唯一标准，实践是理论的源泉，理论来源于实践，并接受实践的检验。根据这一哲学原理，要求我们在进行思想政治教育创新时一定要坚持理论联系实际的原则，要保证思想政治教育的创新理论能够经得住实践的考验。

思想政治教育的社会实践是进行思想政治教育创新的依据。思想政治教育创新要做到紧密联系实际，要求既能反映实际问题又能解决实际问题。任何理论的创新活动都要避免盲目性，不切实际的创新不可取，思想政治教育创新更是如此。按照理论联系实际的方法论指导原则，思想政治教育的创新要根据教育对象的具体情况，制定出符合教育对象自身特点的行之有效的思想政治教育方法。真正做到解决教育对象的思想问题，提高教育对象的政治思想、道德品格和心理素质水平。

（三）坚持与时俱进的原则

与时俱进是党的思想政治教育理论思想路线的丰富发展的理论总结之一，与时俱进是指我们工作的方法和理论要体现时代性，把握规律性，富于创造性。思想政治教育创新也要坚持与时俱进的原则。“与时俱进”要求思想政治教育要突出时代特点，蕴含时代精神，体现新时期社会主义的本质要求，并且要有一定的科学前瞻性，要保证思想政治教育的内容符合社会发展的规律。忽视了思想政治教育创新的与时俱进的时代精神，思想政治教育就会滞后于时代的发展，与社会主义现代化建设不和谐。思想政治教育总是在一定的历史阶段为社会的经济基础与上层建筑服务的，一定的经济基础和政治制度决定着思想政治教育的内容。因地制宜地进行思想政治教育活动，既是思想政治教育工作一贯坚持的工作方法，同时也是思想政治教育创新的方法和要求。

思想政治教育创新是必然规律，没有任何一种社会的综合性教育可以固步自封地永远存在于时代发展的历史长河中。思想政治教育的教育主体和教育对象都是有思想的人。人的思想是不断变化发展的，因此解决人的思想问题的思想政治教育也应该是不断向前发展创新的。

坚持“与时俱进”是思想政治教育创新要恪守的基本原则之一。

（四）坚持讲求实效原则

思想政治教育要保证教育活动的有效性。收到实效的思想政治教育才是成功的思想政治教育。讲求实效原则既是思想政治教育活动实践的出发点，也是落脚点。同样，思想政治教育创新也要坚持讲求实效的原则。思想政治教育创新的实效性包含两层含义：一是要保证思想政治教育创新有意义；二是要保证思想政治教育创新有效果。思想政治教育是一种特殊的教育，思想政治教育的效果是思想政治教育内容、思想政治教育方法、思想政治教育载体、思想政治教育环境和机制以及教育者和教育对象合力作用的结果。任何一个环节和要素出现问题都会直接地影响思想政治教育效果。因此在创新思想政治教育的过程中要充分考虑教育实效性的原则，要保证创新的每一个环节对于最终实现思想政治教育目标都是有效行为，不做无用功。

三、思想政治教育创新的内容

（一）思想政治教育观念创新

教育思想是教育实践的前提，科学的思想政治教育观念是思想政治教育活动有效性的重要保证。思想政治教育观念不先进，就会导致思想政治教育在面对新情况新问题时，工作的主动性和实效性不强。因此，我们应该创新思想政治教育的观念，增强思想政治教育的时代性、实效性与主动性。传统的思想政治教育没有很好地发挥出教育对象的主体性，只是把教育对象作为工具加以训练。这种工具性的思想政治教育观念会使教育对象产生依附性和盲从性，遏制了教育对象的主观能动性与现实创造性的发挥，使思想政治教育效果不佳。思想政治教育应该创新教育观念，解放思想，实事求是，与时俱进，坚持以人为本的科学指导方针，充分调动教育对象的主观能动性，通过正确的理想信念教育、思想观点引导、社会主义核心价值观教育，加强教育对象自身的教育能力。

（二）思想政治教育内容创新

思想政治教育工作是我党各项工作的生命线，并且随着社会历史的进步，党不断对思想政治教育进行科学内容的补充。面对时代发展的新特点，思想政治教育在内容制定上应该多关注受教育者的社会化教育，重视受教育者思想政治教育工作，努力提高受教育者的思想品德和心理素质。思想政治教育内容中应该包括思想教育、政治教育、道德教育、法制教育、心理教育五大因素。新时期我们要求思想政治教育要为“四个文明”建设服务，要为实现人的全面发展服务，要为构建社会主义和谐社会服务。在对思想政治教育内容进行创新时，要充分考虑这些思想政治教育所要服务的对象对思想政治教育提出的新要求，要使新充实进来的教育内容体现这些新要求，并且在提出新的思想政治教育内容的同时，体现出对这一创新内容所进行思想政治教育工作的方式方法。做到教育内容与教育目的同向协同，教育内容与教育方法同向协同。

（三）思想政治教育方法创新

思想政治教育方法的创新具体包括两个方面：一个是关于思想政治教育方法具体工作方法的创新；另一个是关于思想政治教育方法研究方法的创新。

思想政治教育的教育对象是有着各种思想的人。人的思想是复杂多变的，只有运用科学的教育方法才能完成思想政治教育过程中的从内化到外化的转化过程。思想政治教育方法是否得当，直接影响着思想政治工作的效果。只有适应新形势、把握新变化，“以人为本”的思想政治教育方法才能充分发挥科学理论的说服力、文化生活的感染力和法律制度的约束力，使思想政治工作永远具有旺盛的生命力。在教育方法上，教育者要达到变“被动”为“主动”的目标性教育。从受教育者被动地接受教育向自我教育、自我管理、自我提高转变；要变“灌输”为“渗透”；在教育手段上，思想政治教育工作要充分利用信息网络技术优势，引导现代传媒方向，不断提高思想政治教育的科技含量、知识含量，使思想政治教育覆盖和渗透到社会生活的各个方面，使思想政治教育工作紧紧跟上时代发展的步伐、信息革命的步伐和生活的步伐。

关于思想政治教育方法研究方法的创新。传统的思想政治教育方法的研究方法主要是文献法、经验法和调查法。这些传统的方法在今天的思想政治教育活动中依然起着举足轻重的作用。但是毕竟社会在发展，时代在进步。当今社会成员的思想出现了一系列的新变化，如精神开放，思想活跃，社会理想信念淡化；注重利益，讲求实惠，个人利益强化；思想活动多元性，思想观念多变性，思想意识选择性，思维方式趋利性。这时候对思想政治教育方法的研究方法就要用自然科学常用的量化，统筹分析的方法。用规范的数学模型来分析解释思想政治教育方法的实效性。重视数字的量化分析的同时，规范量化的统筹研究是思想政治教育者在对思想政治教育方法创新时所要攻克的一大难题。

（四）思想政治教育机制创新

一般来说，思想政治教育机制是指思想政治教育工作矛盾转化过程中，其内在各构成要素由于某种机制的作用而产生的，趋向教育工作目标的有效性因果联系或运作方式。思想政治教育机制的创新应包含以下四个方面的内容：

第一，建立有效的预警机制。思想政治教育要做到未雨绸缪，对可能出现的社会问题要有预见性，争取在问题还没有被扩大化，还没有妨碍正常的社会生活秩序时，把它扼杀在萌芽状态。要做到这一点就要建立有预见性、超前性和主动性，反应敏捷，运转高效的预警机制。

第二，要建立起完善的管理机制和科学的评估机制。思想政治教育在实施过程中要增强教育管理意识，提高教育管理水平，落实教育管理责任。建立起一整套确保思想政治教育活动完整运行的规章制度为思想政治教育服务，为思想政治教育创新服务。而与管理机制配套的机制运行的评估机制也不能忽视。要用实践的观点去考察这一套教育管理机制是否符合教育内容和教育目标的要求，在教育活动中是否运转正常。

第三，要建立起有效的调控机制，思想政治教育过程既然是一个完整的系统，那么系统内的各要素就可能有相互碰撞相互矛盾的时候。所以思想政治教育机制建设中，必须要有行之有效的调控机制。思想政治教育的调控机制的任务就是协调思想政治教育各要素，使其产生最大的合力为思想政治教育活动服务，确保思想政治教育工作的顺利进行。

第四，要强化激励机制。物质文明建设与精神文明建设是相辅相成、辩证统一而不可偏废的两个方面，如果片面地强调思想觉悟，而忽视物质利益的鼓励，将不利于思想政治教育工作的开展。思想政治教育机制的创新必须正视这个问题，要科学地建设思想政治教育的鼓励机制。我们既要提倡精神鼓励，提倡无私奉献，同时也要相应地进行物质奖励。

（五）思想政治教育环境创新

思想政治教育环境是保证思想政治教育活动效果的重要外因。在思想政治教育创新中，思想政治教育的环境创新同样是不容忽视的一环。思想政治教育环境的创新主要是指如何创新更有利于思想政治教育发展的外部社会环境，如何营造一个能够有效地保证思想政治教育效果的教育环境。思想政治教育创新是要扫清思想政治教育的教育死角，对社会环境中那些不符合时代发展的因素，运用行政手段、制度建设、法律保证手段把它清除出去。只有剔除了这些不和谐的因素，制止了社会上的歪风邪气，才能使思想政治教育发挥作用，弘扬社会正气。

人的一切行为要想成功就要重视环境的作用。思想政治教育环境创新要本着四个原则：第一，应与社会历史发展规律相一致；第二，与思想政治教育根本目标相一致；第三，与主流文化相一致；第四，与思想政治教育环境诸因素内部及相互之间的作用方式协调一致。建设良好的适合思想政治教育发生正面效果的社会环境、社交环境、学校和家庭环境是思想政治教育环境创新的主要内容和任务。

第五章　高校心理健康教育

第一节　心理健康概述

一、心理健康概念

心理健康要求人在知情意行等方面的全面提高，它是指一种比较理想的境界，包括：情绪稳定、意志坚定、情操高尚、人际关系和谐等。联合国世界卫生组织对于心理健康所下的定义是："在一定条件下，心理和心理潜能充分发挥，个人心境达到最佳状态。"一般来说，心理健康是指一种连续的心理健康状态，也是指维持心理健康、预防心理疾病或行为问题，是一个内外得到协调统一并使之适应和发展的过程。心理健康不仅包括体力、智力的发展，还包括良好的适应环境的能力、与人友好交流的能力以及优秀的工作能力。

总而言之，虽然有多种不同的表述来界定心理健康的标准，但这些表述具有一致的基本含义。一般来说，心理健康存在狭义和广义的区别。不存在心理疾病和病态心理被称为狭义的心理健康；具有健康的心理品质和健全的人格则是指广义的心理健康。在理解心理健康的涵义时，我们应该注意以下几点：第一，心理健康并不是完美的，它是相对的，是具有等级差异的；第二，心理健康是比较持续的心理状态，暂时出现异常心理或行为，如果能够正常恢复，就不能被认定为心理不健康；第三，对于心理健康的描述标准是一种理想要求，是不可能完全实现的；第四，采用多元模式理解心理健康，强调在生物—心理—社会医学模式中多种因素之间的交互作用。

综上所述，心理健康指的是个体既能适当地接受自己，正确地评价自己，清楚地认识自己，有良好的人际关系，和他人能够友好相处；对于自己所面临的不断变化着的现实环境适应良好，拥有完善的人格特征；自我调控能力良好，并在各种活动中保持着积极的状态。

二、大学生心理健康概述

（一）大学生的心理特征

大学生的心埋特征具体表现在以下几个方面。

1.认知发展

认知是指人们在认识客观现实的过程中，把握客观现实的规律和本质而产生的一种心理现象。大学生的感知能力趋向完善，带有高度的逻辑性和规律性，能够更自觉地观察事物，并且能在抽象水平上建构起个别事物同一般的原则、原理之间的联系。但由于大学生缺乏一定的知识经验，因此尚不能客观、深入、全面地观察事物，易出现只重整体而忽视细节或只重细节而忽视整体的倾向。大学生富有丰富的想象力，并有进一步提升的空间。他们的想象大多是有目的的、有意识的，想象力中的创造性成分也日趋增多，这可以为他们创造性地解决问题奠定基础。大学生的记忆力达到逻辑记忆的顶峰，具有高度持久性、准确性。他们能够将机械记忆和意义记忆有机地结合，并使二者相辅相成，使自己的学习效果达到最佳水平。

2.情感活动

大学生情感体验丰富多彩，日益复杂。他们对工作、学习中取得的成绩沾沾自喜，为失败的痛苦悲伤，对关心、关爱自己的人表现出感激和欣赏，对不满意的人会心生冷漠，对未来的生活、爱情充满着美好的遐想，对人世间的不平表示愤慨。

大学生情感丰富但并不稳定，变化起伏较大，心境变化快，自我控制能力弱。有时，他们会因一时莽撞而情绪失控，甚至发生某些过激的行为，呈现出冲动性特点。另外，大学生心理成熟较晚，部分学生仍然孩子气十足，一直一帆风顺的他们，遭遇一点挫折和困难就会显得异常激动、不冷静，甚至消沉。

3.个性发展

个性是一个人所具有的稳定的心理现象。它包括个性倾向性，心理过程、心理状态和心理特征等方面。个性贯穿每一个个体的一生，会对其产生深远的影响。大学生所处的年龄阶段正是个性形成的最佳时期，教育者不仅要引导他们形成符合其年龄特征的个性品质，还要形成从事某种活动所必需的个性品质和知识技能。当代大学生个性发展呈现出鲜明独特、趋向完整、渐趋稳定等特点。随着大学生的不断成长，多数人都已具有稳定的行为习惯和态度，具备优秀的个性品质特征，但也有少部分学生的个性是消极的，在这一期间应加强对这部分学生的教育引导，帮助他们改变个性中消极的成分，发展其积极的方面，以形成臻于完善的人格。个性品质优良的大学生往往德才兼备，反之会学无所成，甚至丧失了自我。因此，培养大学生优良的个性品质具有深远的意义。

4.自我意识

青年时期是大学生自我意识发展完善的重要时期。树立健康的自我意识对于青年大学生的自我发展意义重大。作为为社会培养全面发展、身心健康的专业人才的高校，塑造健康的大学生自我意识是其义不容辞的义务。大学生自我认识的特点有以下几点：

第一，自我认知方面。大学生自我评价的能力增强，评价途径多样，但不够客观；自我认识的能力显著提高，但矛盾突出；自我分析的广度明显拓宽，但深度不够。

第二，自我控制方面。自我调控能力与自我监督能力有很大提高，自我控制的自觉性、主动性、社会性增加，自我设计和自我规划的愿望强烈。

第三，自我体验方面。自我体验丰富、复杂，但两极性明显；自尊心和自主性明显增强，但把握不稳；独立感增强，但存在矛盾。虽然还存在一些问题，但从总体上看，当代大学生自我意识的主流是积极健康的。

（二）大学生心理健康的表现

大学生心理健康的主要表现包括如下内容。

1.具有正常的智力

在大学阶段，学生们的主要任务是学习，智力正常是大学生能顺利完成学业的基本心理条件，同时也为他们更好地适应和处理环境变化提供必要的心理保证。智力正常的大学生能够攻克学习中的各种难关，具有强烈的探索欲望和浓厚的学习兴趣，学习效率处于一定的水平，学习成绩保持稳定，能够积极参与学习活动，并能从中感受到快乐与满足。此外，一些非智力因素，如爱好、兴趣、理想等，也是大学生心理健康的标志之一。

2.情绪健康

情绪健康是衡量大学生心理健康的重要尺度，主要是由于情绪因素在引起心理变化的诸多外部因素中起着决定作用。因此，情绪不稳定往往是心理疾病的前兆。心理健康的大学生表现为充满热情，朝气蓬勃，乐观豁达，能经常保持满足、愉快的心态，对未来的生活满怀信心。虽然偶尔也会出现消极体验，但能主动控制与调节自己的情绪，合理地宣泄心中感受；同时能根据不同的情境恰如其分地表达情绪，使情绪的表达与环境相适应，做到喜不狂，忧不绝。

3.完整统一的人格

人格是一个人的整体精神面貌，是其所表现出的较为稳定的心理状态的总趋势，完整统一的人格指人格构成要素中的理想、信念、兴趣、性格和价值观等方面发展平衡和谐。心理健康的大学生具有积极进取的人生观，能够将他们的所做、所说、所为保持相对一致；具有正确的自我意识，不会出现自我同一性混乱的情况；思考问题的方式较为恰当，不会在外界事物的刺激下产生过激的情绪反应；人格相对稳定。

4.具有创造性

较强的创造性是心理健康的重要特征。心理健康的大学生能以创造的态度对待工作、生活和学习，富有锐意进取的精神和创新意识；具有科学的怀疑与批判精神，勇于超越前人；能够全方位、多视角地看待问题；能够保持个性，彰显本色。

5.保持和谐的人际关系

人际关系状况能够准确地反映大学生的心理健康状况。心理健康的大学生乐于与他人合作共事，有广泛而稳定的人际关系；在交往中做到不卑不亢，具有独立自主的意识，善于倾听他人的意见，但并不会盲从；能客观评价自己和他人，善于扬长避短；在生活的集体中无孤独之感；交往动机端正；能够严于律己，宽以待人，对他人宽容、真诚、友善，富有爱心和同情心。

6.了解自己，悦纳自己

正确的自我判断与自我评价是大学生心理健康的重要条件。心理健康的大学生能够正确地认识自己，接纳自己，既不妄自菲薄而错过可能发展的一切机会，也不盲目自大，好高骛远；能正确地评价自己的优缺点，喜欢自己，接受自己；对自己不会提出苛刻的、过分的期望与要求；能够正视现实，接受现实，并能积极进取；对自己的力量有充分的信心，有足够的胆量来迎接现实的挑战。

7.心理行为符合年龄特征

大学生是处于特定年龄阶段的群体，他们的认知、情感、行为举止都应符合他们所处的年龄段。心理健康的大学生应该是思维敏捷、精力充沛、情感丰富，行为上表现为喜欢探索、热情洋溢、富有朝气、勤学好问。过于幼稚或过于老练的心理行为均不符合大学生的年龄特征。

三、大学生心理健康问题的主要表现

正处于青年期的大学生，在心理上表现为渴望独立的意识、竞争的意识以及参与社会的意识，但从另一方面来说，大学生的心理并没有达到真正的成熟。这些心理特点决定了大学生在自身的成长发展过程中会不可避免地会遇到各种心理矛盾与困惑，从而出现一定的心理问题。大学生不健康的心理问题主要从以下几个方面来看：

第一，环境适应问题。

进入大学后，大学生所面对的是一个全新的大环境，新的同学、新的老师，许多事情都需要自己独立地面对，许多问题都需要自己独立地解决，不能再像过去那样依赖父母的帮助。一些大学生面对陌生的环境和群体，还不习惯新的学习特点和生活方式，而且很难去适应环境、融入集体，由此而产生焦虑、压抑等各种心理问题与障碍，如果不能很好地应对这些挑战和挫折，会严重影响他们的学习和生活，严重的还会出现神经衰弱等问题。大学生的生活自理能力比较低，环境适应能力也不够好，环境适应能力低下的问题普遍存在于大学生中。

第二，学习方面的心理问题。

许多大学生的学习优势在中学时代就已经确立，进入大学后，他们也希望能够在班级里名列前茅，对自己有很高的期待。在大学期间，教师只是提供引导和帮助，是否自觉地学习全靠自己，不能再去指望别人的监督和督促。进入大学后，大学生需要采用不同的学习方法去学习不同的专业课程，在这种巨大转变之下，很多学生会在学习中感到不知所措，觉得前途渺茫，看不到未来，学习动力也十分缺乏。有相当一部分学生不喜欢自己所学习的专业，认为这些专业知识的学习对自己未来的发展也没有帮助，因而导致学习兴趣丧失、情绪低落。大学生在大学里不仅要学习专业知识和技能，还要全面发展综合能力，增强心理素质，实现全面的发展，为走上社会铺垫基础，但是有些学生却不知如何正确地协调专业学习与校园文化活动。一部分学生学习动力不足，不愿意去上课，出现逃课等问题，情绪也不稳定，从而导致学习成绩不理想，出现紧张、焦虑等情绪反应，个人的自尊心、自信心也会受到影响，产生自卑等心理问题，如此恶性循环，会在很大程度上影响到学生的心理健康，从而导致学业失败。

第三，人际关系问题。

在大学阶段，大学生面对的是大学里新的学习和生活环境，同学们都来自四面八方，行为和生活习惯都不同，难免会不适应，如果不能慢慢去适应这种差异，太过特立独行，就会出现各种矛盾与问题。大学生们希望不断地扩大自己的朋友圈，对人际交往的关注甚至超过了对学习的关注度。一方面，大学生希望在大学四年间能够收获更多的友谊，他们保持广泛的人际交往，不断认识新的朋友；但在另一方面，大学里没有家长和老师的细致照顾，大学生的交往经验比较少，大学生的人际关系困扰常常表现为难以和别人愉快相处，缺乏必要的交往技巧，过分委曲求全等，长期如此的话，会出现难过、自卑等不舒服的心理感受。

第四，恋爱与性心理问题。

大学生的生理和心理发展已经趋向成熟，对于异性的情感需求也比较强烈，进入大学后，很多大学生都希望能够在大学里收获一份爱情。但是，大学生并不能很好地区分喜欢和爱情，爱情观也不是很清晰，对于该寻找什么样的伴侣也不是很明确，对于出现的性心理等问题也会感到困惑与迷茫。在面对自己喜欢的异性时不知该如何表达，有时会陷入单相思的痛苦。而且在与异性的交往中也会出现各种各样的问题，很多大学生不知该如何处理自己的情感问题，甚至还会遭遇失恋的痛苦而无法自拔，由此而产生各种心理问题和障碍。

第五，求职择业问题。

对于大四的学生来说，他们即将离开学校，走入社会，该如何选择适合自己的职业，自己适合什么样的工作岗位，在求职中会遇到哪些问题、需要哪些技巧，自己的长处有哪些，该如何在求职中展现自己的优势等，这些问题都会或多或少地给大学生带来困扰和忧虑。大学生在选择职业时容易出现的心理问题主要表现为：盲目择业心理，模糊的自我意识，不了解自己个性能力是否与所选的职业领域相匹配，不能正确地把握自己的就业方向；对自己缺乏自信心，害怕面临的各种职业选择，择业时缺乏竞争意识；依赖心理，对于父母、学校各种依赖，不能独立选择适合自己的职业，不能独立解决求职择业中碰到的困难；随意心理，不能主动地选择自己想要从事的工作，对于从事什么样的职业持无所谓的态度；自负心理，对自己抱有很高的期望，过高地估计自己的实力等。这些心理问题都会在某种程度上阻碍大学生顺利择业与成功就业。因此，大学生必须对于当前的就业形势有正确的认识，正确分析就业市场，妥善处理，积极面对，而不应对未来的就业过度担忧，而出现逃避社会的错误举动。

第二节　大学生心理健康教育概述

一、大学生心理健康教育的内涵

（一）心理健康教育的内涵

理解心理健康教育的内涵要符合两方面的要求：一是符合心理健康

的要求，即以心理健康的标准来培养人才，使之成为没有心理问题，符合健康标准的人才；二是符合教育发展的要求，以提高人才某一方面的素质作为落脚点。心理健康教育是指以提高心理素质为核心，培养具有对社会进步的责任感和历史使命感，促进人的全面发展的教育活动。

首先，倡导以“提高心理素质”作为心理健康教育的核心内涵，是从正面来培养人才，不过多地强调学生心理如何不健康。提高心理素质就是要提高心理要素或因素的质量，不是医学或医疗模式的只关注有心理问题的对象，它必须是既要面向全体，又要顾及个体差异。其个别教育和面向全体教育的目的是一致的，都是为了促进学生心理素质的发展。

其次，倡导以“提高心理素质”作为心理健康教育的核心内涵，是以符合我国国情的心理健康和具有中国特色社会主义的教育为指引，强调本土化和时代性。心理健康教育既要培养人才的社会主义责任感和历史使命感，又要在人才培养中传承民族文化的进步，既要开掘个人最大身心潜力，又要注重培养自尊、自爱、自律、自强的良好心理品质，增强克服困难、经受考验、承受挫折的心理素质。

最后，倡导以“提高心理素质”作为心理健康教育的核心内涵，不仅要回应全面素质教育的目标，也要了解其教育内容的边界。心理健康教育强调把自己的聪明才智用于改造世界，在推动社会进步中发展自己，这与全面素质教育要求培养适应21世纪现代化建设需要的社会主义新人的目标之间具有共通性，都是对人和社会发展进步的诠释。心理素质与思想道德素质、文化素质、专业素质和身体素质之间是平等地位，其教育内容与培养其他素质的内容之间是并列关系，它可以促进其他素质的培养，高品质的其他素质也有利于心理素质的提升，各素质之间平等协调发展，但心理健康教育主要指向提高心理素质而非其他素质。

（二）大学生心理健康教育内涵

大学生心理健康教育，是指以大学生为教育客体开展的培养其良好的心理品质，塑造健全的人格的教育活动。首先，要注重培养良好的心理品质；其次，要着力塑造健全人格。

大学生心理健康教育注重培养良好的心理品质。传统的大学生心理健康教育主要是针对心理疾病与基本适应问题，仅实现了对大学生心理的非病状态和良好的适应状态的教育目标，忽视了对健康心理的更高层次，即培养负责任的、勤奋的、独立的、积极的良好心理品质的实现。因而大学生心理健康教育既要消除疾病和基本适应问题，更要注重培养良好的心理品质。既要尊重和利用大学生自我意识运行的心理机制，展开人学生的自我教育、自我管理、自我完善，又要高度关注个别学生自我意识的偏差和矛盾，对少数学生加以重点的关注和关怀；既要坚持对大学生理想自我的提升，给他们提出和推荐具有亲切性和感知度的榜样，引领他们理想自我的发展，又要坚持增强大学生自我意识调控的能力，让他们具备调节情绪、抵抗挫折的素质。通过注重培养自尊、自爱、自律、自强的良好心理品质，引导大学生积极向上的人生态度和执着坚定的信念，造就有社会主义责任感和历史使命感的人才，使大学生自身的聪明才智用于改造世界，并在推动社会进步中发展自己，并促进大学生思想道德素质、文化素质、专业素质和身体素质协调发展。

大学生心理健康教育要着力塑造健全人格。素质教育核心就是培养人的全面发展，这里的全面发展既是知识能力的发展，更是人格的不断完善，因而健全人格的塑造成为大学生心理健康教育不可忽视的部分。现在的大学生群体以“90后”为主体，他们大多为独生子女，较少经历苦难，独立生活能力相对较弱，情感体验多以自我为中心。而进入大学之后，如何整理自己的物品，如何规划自己的时间，如何面对学校的纪律和规定，如何面对没有选择的集体宿舍，如何面对不同城市的宿舍同学，如何更多地宽容与理解他人，这些问题的对待和处理都成为90后大学生要去克服的难题。而这些问题的解决都是以人格的不断完善为基础。如果大学生不具备较为完善的人格，则在上述问题中极易表现出偏执、病态，甚至扭曲的行为，因而在大学生心理健康教育中，必须以情感教育法、品质教育法、生活教育法、榜样示范法、启发式教育方法和自我教育法等方式实现健全人格的培养。

二、大学生心理健康教育的特性

大学生心理健康教育能够提高学生心理素质，促进思想政治教育有效性，实现大学生全面发展目标，与其所具有的显著特性密不可分。大学生心理健康教育具有基础性、全员性、互动性、针对性、内化性和发展性的特征。

（一）基础性

大学生心理健康教育的基础性，是指大学生心理健康教育具有进行其他教育为起点的属性。大学生心理健康教育的基础性主要表现在以下几个方面：

第一，大学生心理健康教育构建教育的生命基础。

生命是教育的前提和基础，生命的发展是教育的根本使命。一方面，人的生命的存在是教育出现的生物前提，让教育得以可能去帮助人与自然之间获取信息和能量的交换；另一方面，人的生命也是对精神和社会属性发展的追求，人要以社会的形态生存，就必须要在生命的基础上获得文化、智慧、道德、人格等精神方面的发展。以上这些都在心理健康教育中得以体现和关照，它不仅涵盖大学生的生活、生命、人性、价值等层面，尤以心理健康危机系统的构建彰显珍视生命、发展生命的意义和价值，阻碍心理疾病、人格缺失对人生命的践踏。这不仅是塑造具有健全人格和主动发展精神的人的基础，也是构建和维护教育得以存在和延续的生命基础。可见，大学生心理健康教育是维护人的生命的基石，生命是教育学思考的原点，在一定意义上，心理健康教育直面人的生命，是为人的生命质量的提高而进行的社会活动。

第二，大学生心理健康教育承担人才培养的非智力基础。

人是有思想、有感情、有个性的，作为人才培养基地的大学，其主要任务就是“育人”，育有思想、有感情、有个性、有精神世界的人，而不是“制器”，不是制造高智商、高能力，却呆板、没有情感、没有灵魂的人。许多实证研究也表明，成功的人才只有20%的有效动力来源于智力因素，有80%的主要原因是取决于非智力因素，也就是说人才培养的基础不是智商，而是涵盖气质、性格、人文精神等的非智力因素。因此，作为以培养非智力因素为主的大学生心理健康教育，也就承担起了人才培养中的非智力基础的意义和价值。

第三，大学生心理健康教育维护社会主义和谐社会的基础。

社会主义和谐社会至少包括四个方面的和谐：人自身身心关系的和谐、人与人之间关系的和谐、人与社会之间关系的和谐、人与自然之间关系的和谐。无论哪种关系的和谐，其核心都在于人，也都是以人为着力点的和谐。因为只有心理健康的人才能够乐观地面对人生，正确认识社会发展变化的规律，关心他人，遵纪守法，自觉地承担社会义务，拥有协调的人际关系，为社会的发展贡献自己的力量，以此为基础的人群才可能构建现实中的和谐社会。对以培养社会主义合格建设者和可靠接班人为己任的大学教育而言，向社会输送构建和谐社会基础的心理健康的学生，也就是在实现社会主义和谐社会的基础，所以大学生心理健康教育也就富有维护社会主义和谐社会的基础性特征。

（二）全员性

大学生心理健康教育的全员性，是指该教育具有教育主客体全体成员参与活动的属性。大学生心理健康教育的全员性主要表现在以下几个方面：

第一，心理健康教育客体全体参与活动的属性。

一方面，心理健康教育的目标是让每个受教育的学生了解心理健康的基础知识，了解和发展自我，提高自我心理调适能力，对全体学生心理素质的提高具有积极的价值和意义，是全部客体、全体学生接受人才塑造的实践教育的一部分，每个客体学生都纳入到了心理健康教育目标中；另一方面，心理健康教育的过程是每个客体学生参与其中的实践过程。首先，心理健康教育不仅是知识传授，更主要的是实践体验和内化领悟，每个客体在教育过程中感知人与物、人与人、人与自然的相处，用自己的内心审视与周围世界交流过程中的心灵变化，哪怕是先天有缺陷的聋哑、自闭的学生，也都能够在教育过程中审视自己的内心世界，因此心理健康教育的过程可以深入到每个客体学生的心灵审视和心理成长中；其次，大学生作为心理健康教育的客体显现出更加自主的能力，在教育过程中表现出更加积极主动地参与教育活动的特性。他们会像成人一样去思考和生活，更加注重挖掘潜能、寻求发展和实现自我价值。每个大学生对心理健康教育都有强烈的需求，因而心理健康教育显现出更广的覆盖和需求的全员性。

第二，心理健康教育主体全体参与活动的属性。

心理健康教育是心理健康教育教师、思想政治教育教师、其他专业课教师、管理和服务人员都积极参与，共同担负的一项教育活动。首先，心理健康教育教师是大学生心理健康教育主体的核心。他们运用专业的知识和技能帮助大学生提高对心理健康的认识，传授增强心理素质的方法。配备一定数量专职从事大学生心理健康教育的教师成为加强大学生心理健康教育队伍建设的首要渠道。其次，思想政治教育教师是大学生心理健康教育的重要力量。特别是思想政治理论课中相关课程教学对提高大学生心理素质具有重要作用，作为思想政治理论课主体的思想政治教育课教师也担负着通过案例教学、体验活动、行为训练等形式提高学生心理素质的重任。最后，高校管理人员也承担着组织和参与大学生心理健康教育的重任。在《关于进一步加强和改进大学生思想政治教育的意见》中还提出了大学生思想政治教育要坚持“教育与管理相结合”，把管理者的职责提升到融思想政治教育于管理长效机制的高度，作为思想政治教育创新方法之一的大学生心理健康教育，同理也有一部分职责分担在管理和服务人员肩上。

第三，环境要素全体参与活动的属性，是指学校、家庭、社会的“三位一体”全员性心理健康教育。

学校已然是心理健康教育的主要环境，既要充分发挥课堂教学在大学生心理健康教育中的重要作用，也要积极开展心理健康宣传教育活动。但大学教育不仅局限于教书育人，还在于联结家庭、社会、学生的综合力量，实现提高学生心理素质的路径和环节上的多样化。作为大学生最终生活的主战场——社会，既是检验学生学习成果的标靶，同时也潜移默化地感染和引导大学生的成长，它的价值取向、心理状态也影响着大学生的价值诉求和心理发展。此外，家庭环境中，父母长辈的言行更是直接影响大学生的心理健康发展，因此，了解家庭及教育方式和存在的问题也已经成为学校心理健康教育工作的途径之一。

（三）互动性

大学生心理健康教育的互动性，是指在教育过程中，教育主客体的活动具有相互作用、相互影响的属性。大学生心理健康教育的互动性主要表现在以下几个方面：

第一，主客体间或客体之间的相同或相近价值观和生活方式的互动关系满足不同层次心理需要。

在大学生心理健康教育过程中，精神问题只占极小部分，绝大部分是涉及学业、情感、人际关系等日常心理问题。人作为“一切社会关系的总和”，其日常心理和情绪也在社会关系的交往中得以排解和消融。心理健康教育过程，就是在贴近学生心理需求，解决学生心理问题的过程中，建立主客体和客体之间的互动关系，形成具有相同或相近的价值观、生活方式、人生经历的互动关系，既在情感上容易形成共鸣，也会降低心理防御，容易找到情绪纾解和思想交流的切入点和互动点。以此满足不同层次客体的心理需求，尤其是日常心理问题学生的需求。

第二，助人自助的互动价值的实现。

心理健康教育过程既是教育过程，也是主客体和客体之间互助的过程。在心理健康教育中，讲授、活动、倾诉等过程可以建立互信、稳定的互动关系，实现主体、客体共同主动探索和解决人生中各种难题的稳定关系。这样的探讨氛围下的稳定关系提高了学生的主体意识，形成主客体之间、客体之间的互助价值。一方面，施助的教师或学生帮助受助学生学会独立地解决自己面临的问题；另一方面，施助的教师或学生也在帮助他人的同时强化自己的心理素质，同时也帮助了自己。诚然，互动性不仅仅停留在同情、理解和接纳，还有在探讨问题的过程中引导面向积极正面的价值观念，学会独立思考学校、社会赋予的责任，学会独立解决压力问题，增强心理素质。

（四）针对性

大学生心理健康教育的针对性，是指该教育具有根据大学生群体所处成长阶段和面临心理问题而有的放矢开展教育活动的属性。大学生心理健康教育的针对性主要表现在以下几个方面：

第一，针对大学生活的不同阶段开展教育活动。

大学生心理健康教育针对大学期间大致会经历的新生、老生和毕业生三个阶段，有的放矢地开展教育活动。新生的心理素质由其大学前生活和学习经历所决定，他们的学习基础、家庭条件、兴趣志向、环境影响都有所不同，这一阶段的心理健康教育活动是帮助新生调整好心态，找准自身在大学群体和大学学习中的定位，以朝气蓬勃、精力充沛的面貌迎接新的生活。老生对新的环境已经逐渐适应，开始有独立的见解和思想，已形成了特有的个性化生活模式，但模式化的生活容易在遇到挫折和困境的时候产生心理失衡和偏执，因此这一阶段主要针对具体心理问题展开专业化的心理咨询或心理辅导。毕业阶段的大学生面对竞争激烈的就业环境，容易产生理想工作与现实之间差异的心理落差，伴随焦虑和缺乏安全感的心理问题，相对应的心理健康教育也就以开展增加就业知识、更新就业观念、调整就业定位、摆正心态面对市场竞争的活动为主。

第二，针对大学生中不同群体的特殊性开展教育活动。

大学生心理健康教育针对贫困生、女生、网络生等不同大学生群体的不同心理问题，有的放矢地开展心理健康教育。贫困生面对家境贫寒的现实困境，在心理上与家庭富足的学生产生落差，为无力改变家庭的现状而焦虑和压抑，自卑而又无奈，落入心理贫困的囹圄。心理健康教育在贫困生辅导中，就会针对家庭背景、经济状况做好心理预警和干预。女生则心思细密，情感丰富，容易遇到情感脆弱等心理问题，再加上自身性格的特点，不容易像男生通过宣泄等途径获得情绪释放，容易压抑情绪而形成抑郁。面对女生的心理健康教育会给予更多的环境营造，让她们体会到关心和温暖，让她们学会释放情绪，学会调节压抑的情绪。网络生是互联网产生后形成的一个特殊群体的特殊问题，他们会沉迷于与网络有关的游戏、购物、聊天等场所，不能自拔，导致生活水平下滑，正常人际关系出现障碍。大学生心理健康教育在面对网络生问题时，主要解决虚拟世界和现实世界的认知和价值观偏差问题，纠正网络使用时间过长的行为，把人生视野拓展到现实世界中。

第三节 心理健康教育在大学生思想政治教育中的作用

一、大学生心理健康教育与思想政治教育的关系

在高校的学生教育工作中，心理健康教育和思想政治教育是全面提高学生素质的两种主要途径，在素质教育中占有十分重要的地位。高校学生正处于青春期，心理机制及世界观、人生观、道德观、价值观等正处于逐步完善的时期，两种教育相互作用、相互配合，有助于学生健康地成长。但是，心理健康教育和思想政治教育是既有联系又有区别的两个范畴，既有同一性，又有差异性。

（一）高校学生心理健康教育与思想政治教育的同一性

1.同属意识形态范畴

思想政治教育属于认识的理性阶段，心理健康教育属于认识的感性阶段。思想是人脑对客观事物的理性认识，是由客观存在决定的。思想政治即指人们对客观世界认识的过程中必须有政治方向、政治立场、政治观点、政治纪律、政治鉴别力和政治敏锐性。心理则是指人脑对客观世界的反映并在此基础上对行为的自我调节。心理健康即是指人在对客观世界认识的基础上有较高的行为自我调节能力。可以看到，二者都同属意识形态。心理健康教育和思想政治教育都以想象、信念、品德、意志等为重要内容，崇高的理想、坚定的信念、优良的品德、坚强的意志可使人拥有良好的心理素质，共同的基础使思想政

治教育在引导人的心理健康上成为可能。

2.人才培养目标的同一性

思想政治教育与心理健康教育的人才培养目标是共同的，即培养高素质、全面发展的“四有”人才，帮助学生排解认知、情感、意志等方面出现的问题，优化知、情、意、行等方面的素质，促进学生社会适应能力的发展，不断提高学生的综合素质。思想政治教育是教育者用一定的政治观点、思想体系、道德规范对学生施加有目的、有计划、有组织的影响，通过不同的方式与途径，开展一系列的教育实践活动，引导、转变学生的思想和行为，达到培养社会主义建设者和接班人的社会目的。心理健康教育是培养学生健康的心理素质，优化学生心理品质，健全个性，帮助成长中的大学生心理成熟，防治心理疾病，增强适应社会的能力，促进学生的全面发展。具体地说，就是让大学生能够正确认识自己、超越自己、成功地与人交往，对客观世界认识和把握有正确的心态，有良好的情绪控制能力，具有良好的意志品质，高尚的道德情操，等等。虽然高校学生心理健康教育与思想政治教育分别针对学生的心理状况和思想状况，从不同角度、采用不同方法开展工作，但都是为了把学生培养成全面健康发展的合格人才。

3.工作内容的同一性

心理健康教育不能背离学生形成良好思想道德素质和正确“三观”的要求，思想政治教育也决不能离开学生健康的心理状态，两者在工作内容上交叉互补、互为前提。健康的心理使学生更容易接受思想政治教育并将其内化为自己的信念，外化为自己的行为。心理健康教育可以为有效实施思想政治教育提供心理条件，也是高校思想政治教育任务、目标和内容的合理扩展和延伸，同时还为思想政治教育提供了新方法。因此帮助学生解决心理矛盾、战胜心理疾病、纠正心理偏差、维护心理平衡、促进心理健康，是提高思想政治教育工作针对性和实效性的重要途径，同时也使思想政治教育内容更贴近学生的生活，促进学生完整人格的发展。从另一个方面看，良好的思想道德品质又会促进学生心理素质的进一步提高。具有远大理想和高尚追求的学生，往往较其他同学更具备正确的自我认知和较强的辨别能力，会以顽强的毅力和积极的态度，自觉调适自己的心理，自觉培养健全人格。

（二）高校学生心理健康教育与思想政治教育的差异性

1.理论基础和研究对象的差异性

心理健康教育与思想政治教育有着不同的指导思想和各自的理论基础。思想政治教育是以马列主义、毛泽东思想和邓小平理论为指导，帮助学生树立科学的世界观、人生观和价值观，逐步提高大学生思想政治素质的一种活动，属于社会意识形态的领域和范畴。它以马克思主义的哲学、政治学、伦理学作为理论基础。其研究对象是全社会所有成员，特别是青少年。它的出发点是社会需要，主要侧重于从社会关系的层面提高学生的思想政治素质，属于纯社会科学，具有鲜明的阶级性；而心理健康教育则是心理教育工作者运用心理学教育学原理以及心理咨询理论和技术等对受教育者施加一定的影响，帮助他们化解心理矛盾、减少心理冲突、缓解心理压力、完善人格、提高心理素质和生活质量的过程。它以心理学、医学、教育学等方面的理论为基础。研究对象是人的心理现象，尤其是心理问题。它的出发点是人本需要，侧重于从个人发展的层面提高学生的心理素质，本身不具有明确的阶级性，价值取向保持中立。

2.工作目标的差异性

在工作目标上，二者的关系表现为终极目标的一致性和具体目标的层次差异性。思想政治教育与心理健康教育作为改造人的主观世界的工作，都以为现代化建设培养具有全面素质人才为终极目标，但在具体目标上却存在差异。思想政治教育的具体目标是提高受教育者的思想道德素质，促进受教育者德、智、体、美诸方面的全面发展。它包含着不同层次的具体目标，即思想素质目标、政治素质目标、道德素质目标和心理素质目标。思想政治教育把学生放在社会层面上去考察和培养，要求学生按照他现在所承担的与未来将要承担的社会角色去行动。心理健康教育的直接目标是帮助大学生树立心理健康意识，优化心理品质，增强心理调适能力和社会适应能力，预防和缓解心理问题，提高大学生心理健康水平。心理健康教育除重视按社会要求规范个人行为外，还特别关注学生求善、向上的自主追求，重视个人心理平衡与主观感受，重视自我意识的完善和潜能的发挥。

3.工作方法的差异性

思想政治教育遵循的是学生思想道德发展的规律，通常以课堂讲授、报告、讲座、评比、竞赛、参观等集体的方式进行。思想政治教育具有一定的灌输性，注重的是教师的施教，以“说”为主，通过说服教育、熏陶感染、比较鉴别、榜样示范、批评表扬、实践锻炼等进行教育和宣传，主要围绕人的思想问题和认识问题开展工作。方法多为经验的总结，缺乏扎实的理论背景和系统的步骤。心理健康教育的方法多建立在心理学理论和实验的基础上，依据受教育者心理发展的规律，较为严谨、系统，科学性和操作性较强。它强调宣泄与疏导，注重的是学生的主动和自愿，以“听”为主，注重倾听与感情沟通，采用普及心理学知识，与学生交谈、讨论，对学生进行心理训练、心理测试与心理咨询等方法来帮助指导学生，主要围绕人的心理困扰和心理障碍开展工作。在具体方式上，思想政治工作可由多人参与，具有公开性，在方法上多具有强制性和约束性；而大学生心理健康教育一般在特定的时间、地点里，“一对一”，具有绝对的保密性，在方法上多具启发性和自觉性。

4.工作层面的差异性

思想政治教育侧重于人的思想层面，重在育“德”，更多注重于教育对象意识结构的显层面，如动机、态度、理想、信念等，注重对人的世界观、人生观、价值观的教育，强调理想信念、遵章守纪、社会公德等，以提高人的思想觉悟和道德品质为目的；心理健康教育侧重于学生心理层面，重在育“心”，偏重于潜意识结构，遵循学生心理发展规律，从学生心理特点出发，培养学生良好的心理品质，强调个性和谐、潜能开发、人格健康。

5.与工作对象关系的差异性

思想政治教育主要是一个教导过程，以示范、讲解、说教为基本手段，按一定的思想观念、政治观点、道德标准去规范人、管理人、教育人，教育者是外在社会要求的倡导者，受教育者往往处于被动地位。在学生教育管理的过程中，教育者常用命令、指挥、警告、训诫等做法，被教育者多是被动地接受，教育者与被教育者有一种上下级、领导被领导、教育和受教育、主体与客体的关系。心理健康教育主要是以讨论、沟通问题为主导途径，以尊重理解为首要条件，更注重共情。通过理解、尊重、积极关注等共情态度，与学生寻求感情上的共鸣、心理上的贴近和心灵上的沟通。在实际工作中，强调一切为了人、服务人、尊重人的方法与态度，强调宣泄与疏导，通过真诚、接纳、倾听、同感等理念、方法与技巧，注重学生的主动与自愿，教育者与被教育者是民主平等、教学相长、亲密友爱、和谐的师生关系。

6.教育模式的差异性

思想政治教育与心理健康教育在教育模式上存在着差异，即对人的本质的影响方式上存在差异。思想政治教育主要从人与社会的关系出发，所体现的是由上而下、由外而内、由表及里、由宏观到微观，层层深入到人的内心世界，逐渐内化的教育过程，其影响力的大小，最终取决于对个人内心世界作用的深度与强度。它从人与社会关系的角度，对受教育者的行为规范、思想境界、道德觉悟提出具体的要求，是一种有明确价值追求的显性价值教育。心理健康教育主要从人与自己的关系出发，自下而上、由内而外、由里及表、由微观向宏观的逐渐外化和渗透的过程，其影响力的大小，最终取决于个人对社会作用的层次与力度。它从个人的心理协调角度出发，通过启发受教育者学会如何处理与自己的关系，进而发展出如何处理与他人、与社会的关系，是一种没有明确价值要求的隐性价值教育。

7.教育绩效评价标准的差异性

思想政治教育工作是从思想道德素质的高度来衡量，主要看受教育者的思想和品德等是否有所提高，是否把受教育者培养成有理想、有道德、有文化、守纪律的四有新人，是否帮助他们树立了正确的人生观、价值观和世界观。对心理健康教育的评价是依据心理健康教育的目的任务来衡量的，主要从学生的心理健康状况、存在的心理问题是否解决以及解决程度的角度来衡量。如缺失的人格是否得到完善，失衡的心态是否恢复了平衡，心理障碍是否得到克服，心理疾病是否得到确诊和治疗，心理危机干预是否成功，等等。

二、心理健康教育在大学生思想政治教育中的作用

（一）丰富了思想政治教育的内涵和内容

心理健康教育为有效实施思想政治教育提供必要的心理条件和心理基础，直接影响教育的效果。一个学生要形成良好的道德品质，必须有健康的心态，能够正确认识自己，能够成功地与人交往，恰当地表露与控制自己的情绪，对自己及他人负责任。否则，他就失去了接受道德教育的条件，对教育目的的要求、措施手段等表现出不同程度的消极态度和消极行为。思想政治教育工作者在教育过程中不仅仅是组织者和设计者，更应该是学生的合作伙伴和知心朋友，不仅是道德知识的传授者，更应该是学生内在信息的接受者，所以，心理健康教育

是高校思想政治教育目标和内容的合理扩展和延伸。传统的思想政治教育内容是政治教育，思想教育和道德、法律等行为规范的教育，主要是使学生在政治观念、辩证唯物主义思想及社会道德规范和法律意识等高层次上形成正确的价值取向。它比较关注的是社会对个人的政治、思想、行为规范方面的要求，而往往忽视了学生的一些最起码、最基本和最一般的心理需要，如情绪调适、个性发展、人际交往、挫折应对、职业选择、不良习惯的消除等，而这些却是心理辅导的重要内容，可以说心理健康教育补充了思想政治教育的内容，弥补了思想政治教育的不足。

（二）有利于提高思想政治教育的效果

心理健康教育有利于高校思想政治教育目标的有效实现。近年来，高校思想政治教育不断加强，大学生的思想政治和品德发展水平有明显提高。然而，总的说来，高校思想政治教育的实效性仍然不高，特别是与它投入的人力、物力、精力和时间相比，还很不相称。究其原因，高校思想政治教育的目标内容与大学生的心理需求、生活实际之间有一定的距离是主要制约因素之一。心理健康教育内容涉及大学生日常生活、学习生活的方方面面，大到人格完善，小到情绪情感、人际交往等，力求从大学生的心理需要和生活实际出发，在教育内容的选择上比较贴近学生的实际。加强心理健康教育与思想政治教育的结合，使教育者提出的思想道德要求符合大学生实际，贴近大学生的心理需求，大学生在接受这些思想道德要求时就具有了一定的主动性，不再觉得思想政治教育是死板的理论、空洞的说教，高校思想政治教育的效果就增强了。心理健康教育可根据学生需要的变化不断选择新的思想政治教育内容，通过思想政治教育知识的逐步完善尽可能地接近思想政治教育目标，实现高校思想政治教育的实效性。

思想政治教育工作者学习和运用现代心理学的原理和方法，从学生的自身特点出发，理解和帮助学生，更有利于学生身心的健康发展，也可借助心理测验来客观地了解学生个性心理特点及发展趋势，从根本上解决当前思想政治教育中针对性不强的问题，使思想政治教育更有针对性，更有实效性。心理健康教育特别强调对学生的尊重、理解和信任，并且严守保密的原则，以平等、朋友式的身份与学生建立关系，这就大大增强了学生的自我肯定意识，增强了自信心，增强了对他人的信任。学生必将把这些感受辐射到日常生活中去，有利于他与别人的交往，包括与思想政治工作者的交往，从而提高思想政治工作的成效。

（三）增强思想政治教育的预见性

心理健康教育除了可以解决学生遇到的心理问题，维护和提高学生心理健康水平外，更重要的作用在于其具有良好的预见性，能够防患于未然。而思想政治教育的预见性则较差，其原因首先在于对高校思想政治教育的重要性缺乏认识，造成思想认识上的偏差，认为思想政治教育是形式主义，不需投入，无须建设；其次在于虽不否认思想政治教育工作的重要性，但只是被动地开展工作，把思想政治教育工作的重要性仅停留在表面上、口头上、形式上，难以落到实处，难以做到防患于未然，这些是导致思想政治教育预见性较差的非常重要的原因。另外，由于思想政治教育工作在教育内容上缺乏连贯性、完整性和系统性；在教育方式上，重形式、轻内容，重灌输、轻疏导；在教育对象上，往往容易忽视一些特殊生和后进生，导致超前性、预见性的缺乏。要把思想政治教育工作落到实处，最关键的就是要了解和掌握大学生的思想和心理行为，把心理健康教育融于思想政治教育的全过程，通过心理健康教育了解每一个学生的心理特点，做到因材施教。在预见性的基础上避免工作中的盲目性和滞后性，可使思想政治教育取得事半功倍的效果。

在思想政治教育工作中，运用心理学知识及规律对大学生的心理状态和心理特点进行研究，区分思想问题和心理问题，掌握学生的心理活动规律和思想状况，及时抓住其思想和行为的苗头，采用不同的思想政治教育、心理健康教育原则和方法，善于对学生的心理问题有针对性地进行辅导或咨询，给有心理困惑、心理障碍的学生及时必要的帮助，防患于未然，才能增强思想政治教育工作的主动性和预见性。

（四）增强思想政治教育的科学性

在思想政治教育中渗透心理健康教育方面的内容，既是现代思想政治教育理论与教学实践的内在要求，又是意识形态教育由感性认识升华到理性认识的必然趋势。心理健康教育以提高人的心理素质为基础，通过科学合理的技术手段与真实生动的内容提高学生的思想素质、道德水平乃至政治涵养，能够积极推动思想政治教育的科学化进程。

高校思想政治教育是依据大学生的思想活动规律来进行的，而大学生的思想活动规律又是受制于心理活动及其规律的。传统的思想政治教育由于未重视对人的全面深入研究，忽视大学生的发展需求，忽视大学生的主体性，忽视人的心理素质对思想政治品德的影响，难以使大学生产生心理共鸣，效果始终不够理想。而心理健康教育则是依据人们心理活动的一般规律和生理机制基础实施教育，能够增加思想教育的科技含量，提高思想教育的实际效果。在思想教育中突出发挥心理教育功能，引入心理教育的原则和方法，灵活运用心理健康教育的目标性、发展性、差异性、主体性、活动性、保密性等原则和心理疏通、意志激励、改变氛围等方法，并用这些原则和方法来指导实践，这样有益于增强思想政治教育方法的科学性。

参考文献

[1] 徐贵权，邵广侠. 思想政治教育学原理 [M]. 长春：吉林大学出版社，2010.

[2] 黄超. 高校网络思想政治教育研究 [M].世界图书出版广东有限公司，2013.

[3] 王志强，申小蓉. 思想政治教育理论、方法与创新 [M]. 北京：中国文史出版社，2015.

[4] 毛振军. 21世纪中国大学生思想教育科学体系构建研究 [M]. 天津：天津科学技术出版社，2013.

[5] 吴静. 大学生心理健康教育 [M]. 郑州：河南科学技术出版社，2012.

[6] 刘建锋，石静. 大学生心理健康教育 [M]. 上海：上海交通大学出版社，2016.

[7] 樊琳琳. 我国大学生心理健康教育问题研究 [D]. 济南：中共山东省委党校，2016.

[8] 夏雯雯. 我国高校大学生心理健康教育途径研究 [D]. 青岛：青岛大学，2012.

[9] 张晶晶. 高校网络思想政治教育方法研究 [D]. 芜湖：安徽工程大学，2015.

[10] 班梦姣. 大学生心理健康教育与思想政治教育相互结合研究 [D]. 济南：山东大学，2014.

[11] 张倩. 思想政治教育与大学生心理健康 [D]. 烟台：鲁东大学，2013.

[12] 杨金铭. 大学生思想政治教育中的心理健康教育研究 [D]. 长春：东北师范大学，2008.

[13] 邓一凡. 思想政治教育视阈下大学生心理健康教育研究 [D]. 重庆：重庆工商大学，2012.

[14] 姚永昌. 高等学校校院两级教学管理体制改革问题研究 [D]. 重庆：西南大学，2013.

[15] 夏雷. 高校教育管理制度人性化研究 [D]. 长沙：湖南农业大学，2012.

[16] 欧阳晓. 近代以来中国高等学校教学管理制度演变及启示 [D]. 长沙：湖南师范大学，2011.

[17] 高宝嘉. 适应现代大学教学管理理念的制度构架及实践途径 [J]. 河北：河北农业大学学报(农林教育版)，2012，14(06)：30-33，37.

[18] 李文丽. 人的思想品德形成的过程及其机制研究 [D]. 海口：海南大学，2011.

[19] 丁月朋. 思想政治教育内容的构建 [D]. 长春：东北师范大学，2011.

[20] 胡新峰. 大学生思想政治教育机制研究 [D]. 长春：东北师范大学，2014.

[21] 李文丽. 试析人的思想品德的形成发展过程 [J]. 哈尔滨：学理论，2011，07：120-121.

[22] 闫晓萍，王立仁. 谈个体思想品德形成发展的规律 [J]. 哈尔滨：教育探索，2013，10：112-113.

[23] 胡恒钊. 高校网络思想政治教育实施方法研究 [D]. 北京：中国矿业大学，2012.

[24] 张文学. 高校大学生思想政治教育制度化研究 [D]. 武汉：中国地质大学，2012.

[25] 徐军保. 大学生思想政治教育科学化的实现路径研究 [D]. 郑州：郑州大学，2013.

[26] 罗昊宇. 高校思想政治教育环境影响因素分析与优化研究 [D]. 北京：中国矿业大学，2013.

[27] 杨洪泽. 当代大学生思想政治教育实效性研究 [D]. 长春：东北师范大学，2013.